首都高端智库报告

首都经济贸易大学特大城市经济社会发展研究院　　叶堂林　王雪莹　刘芸　李璐　等／著

首都现代化经济体系构建研究
——基于北京城市战略定位

RESEARCH ON THE CONSTRUCTION
OF THE CAPITAL'S MODERN ECONOMIC SYSTEM
——Based on the Urban
Strategic Positioning of Beijing

社会科学文献出版社
SOCIAL SCIENCES ACADEMIC PRESS (CHINA)

编撰者简介

课题负责人：

叶堂林，首都经济贸易大学特大城市经济社会发展研究院执行副院长，教授、博士生导师

课题顾问：

文　魁　首都经济贸易大学原校长，教授、博士生导师

祝尔娟　首都经济贸易大学教授、博士生导师

课题组成员：

王雪莹　首都经济贸易大学博士研究生

刘　芸　北京科技创新研究中心战略研究部部长

李　璐　首都经济贸易大学硕士研究生

梁新若　首都经济贸易大学硕士研究生

李国梁　首都经济贸易大学博士研究生

刘　莹　首都经济贸易大学硕士研究生

刘哲伟　首都经济贸易大学博士研究生

何悦珊　北京信息科技大学本科生

吴明桓　首都经济贸易大学本科生

张雨琪　首都经济贸易大学硕士研究生

序

建设现代化经济体系，是以习近平同志为核心的党中央着眼于建设社会主义现代化强国目标、顺应社会主义新时代特点而做出的重大决策部署。现代化经济体系是由社会经济活动各个环节、各个层面、各个领域的相互关系和内在联系构成的一个有机整体，不仅意味着平稳的经济增长速度，而且要求更高的经济增长效益、更加完善的产业结构、更加有效的对外开放举措、更加平衡的经济发展格局。建设现代化经济体系，是开启全面建设社会主义现代化国家新征程的重大任务，是紧扣我国社会主要矛盾转化、推进经济建设的客观要求，是适应我国经济由高速增长转向高质量发展的必然要求，也是构建以国内大循环为主体、国内国际双循环相互促进的新发展格局的体制保障。作为迈向中华民族伟大复兴的大国首都，建设一个符合首都城市"四个中心"战略定位、顺应高质量发展要求、以创新驱动发展为主要特征、适应和引领京津冀协同发展的现代化经济体系，是北京在新时代背景下实现城市发展目标的重要途径，也是破解当前北京经济发展不平衡不充分等一系列难题的"灵丹妙药"和治本之策。

本书是首都高端智库重大决策咨询课题的最终研究成果，也是国家社会科学基金重大项目"基于区域治理的京津冀协同发展重大理论与实践问题研究"（17ZDA059）的阶段性成果，遵循理论与实践相结合的原则，从经典理论的视角系统梳理了影响现代化经济体系的关键因素，并基于习近平总书记关于中国特色社会主义现代化经济体系内涵的科学论述，界定了北京现代化经济体系的基本内涵，明确了北京构建现代化经济体系应具备的"五个重要方面、一个基本手段和一个基本要求"。在实践层面，本书构建了北京现代化经济体系发展情况评价指标体系，并运用第四次经济普查数据进行了测度与评价。同时，基于产业链视角从发展现状和未来发展重点两个方面对北京构建现代化经济体系的重点行业进行分析，为北京"补短板"、"锻长板"、夯实现代化经济体系建设根基做好准备。

本书通过对国内外构建现代化经济体系的成功案例及其实践经验进行系统的梳理、分析与概括，针对北京构建现代化经济体系所面临的问题，从"稳增长""补短板""强引领""显亮点"四个方面提出了北京构建现代化经济体系的对策建议。整体上看，本书研究视野开阔、内容丰富，具有一定的前瞻性和开拓性，研究中大量运用量化分析和案例分析方法，使得研究结论具有较强的说服力，能够为北京构建现代化经济体系提供有益借鉴和重要参考，有助于加快推进基于北京城市战略定位的现代化经济体系建设。

首都经济贸易大学原校长，教授、博士生导师

文 魁

2021年3月15日于风格与林苑

目 录

第一章　研究背景及意义 …………………………………………… 001
　一　国际层面 ……………………………………………………… 001
　二　国家层面 ……………………………………………………… 002
　三　北京层面 ……………………………………………………… 004

第二章　研究综述 …………………………………………………… 007
　一　现代化经济体系的相关概念及内涵 ………………………… 007
　二　关于现代化经济体系的重要理论依据 ……………………… 012
　三　现代化经济体系的特征及演化路径 ………………………… 017
　四　研究测度现代化经济体系的主要方法 ……………………… 028
　五　总结评述 ……………………………………………………… 028

第三章　北京构建现代化经济体系的总体情况分析 ……………… 031
　一　北京现代化经济体系的特征分析及内涵界定 ……………… 031
　二　评价指标体系构建及指标选取 ……………………………… 034
　三　指数测算方法及权重确定 …………………………………… 040
　四　北京现代化经济体系发展情况总体评价 …………………… 042

001

第四章　北京构建现代化经济体系的区域支撑分析 …… 088
一　北京现代化经济体系区域支撑的现状分析 …… 088
二　北京现代化经济体系区域支撑的问题分析 …… 091

第五章　北京构建现代化经济体系的重点行业分析 …… 098
一　北京市重点行业的发展现状 …… 098
二　北京市重点行业的未来发展重点 …… 112

第六章　构建现代化经济体系的案例分析 …… 122
一　我国东部城市构建现代化经济体系的经验分析 …… 122
二　重点区域构建现代化经济体系的经验分析 …… 132

第七章　构建现代化经济体系的国际经验 …… 139
一　纽约构建现代化经济体系的实践经验 …… 139
二　伦敦构建现代化经济体系的实践经验 …… 141
三　巴黎构建现代化经济体系的实践经验 …… 143
四　东京构建现代化经济体系的实践经验 …… 145
五　小结 …… 146

第八章　北京构建现代化经济体系的对策建议 …… 149
一　"稳增长"：保持现有优势，培育新增长点，实现经济长期平稳增长 …… 150
二　"补短板"：补齐发展短板，提升经济社会发展韧性 …… 155
三　"强引领"：强化科技创新与非首都功能疏解的引领作用 …… 160
四　"显亮点"：打造发展亮点，推动经济社会实现高质量发展 …… 165

参考文献 …… 173

附录　指标解释 …… 179

第一章
研究背景及意义

一　国际层面

建设现代化经济体系是应对全球产业链重构挑战的重要举措。在中美贸易摩擦和新冠肺炎疫情笼罩下，全球经济体系正在遭受巨大挑战，人们对经济全球化的趋势产生怀疑，提出重构全球产业链、重塑国际供应链的诉求。新冠肺炎疫情不仅对全球供应链造成了短期的供给与需求冲击，而且推动全球产业链重构进入加速阶段，这可能给我国经济发展带来二次中长期冲击。在需求侧方面，涉及关键民生领域，主要发达国家或减少对中国产品进口的依赖，加快本国制造业回流；在供给侧方面，新冠肺炎疫情或加速民粹主义抬头，全球产业链的迁移和重构进一步提速，产业链备份需要加快推进。这就要求我国构建现代化的经济体系和制度体系加以支撑，推动以大数据、人工智能为代表的新一代信息技术与制造业融合发展，催生新模式、新业态，以应对全球产业链和价值链重构的挑战。

建设现代化经济体系能够有效缓解全球性突发事件对经济社会的冲击。受新冠肺炎疫情影响，各国各地区普遍采取隔离阻断措施，严重阻碍了进出口贸易的发展，给全球供应链带来了巨大冲击。许多国家和地区的防疫物资储备不足，超市出现抢购现象，医用口罩及其他个人防护用品严重匮乏，在一定程度上加剧了全球疫情的蔓延。我国疫情防控成效显著，复工复产有序推进，这些都离不开强韧的宏观经济环境、成熟的产业集群和完善的配套体系的强力支撑。构建一个相对合理、具有弹性的经济体系对经济社会持续、稳定发展发挥着至关重要的作用。现代化经济体系是由社会经济活动各个环节、各个层面、各个领域的相互关系和内在联系构成的一个有机整体，包括产业体系、市场体系、收入分配体系、城乡区域发展体系、绿色发展体系、全面开放体系以及相应的经济体制。[①] 建设现代化经济体系有助于提高一个国家或地区的经济韧性，有效缓解各种突发的外在冲击对其经济社会的影响。

二 国家层面

建设现代化经济体系是顺应时代发展的重大决策部署。党的十九大科学把握中国特色社会主义进入新时代的发展大势，提出了决胜全面建成小康社会、开启全面建设社会主义现代化国家新征程的战略目标。2020年5月，习近平总书记在全国政协十三届三次会议经济界委员联组会上发表重要讲话，指出加快构建完整的内需体系，逐步形成以国内大循环为主体、国内国际双循环相互促进的新发展格局，成为谋划中国经济下一程的重点内容。实现宏伟蓝图，推动形成新发展格局，必须建设现代化经济体系，加快形成先进的生产力，构建雄厚的经济基础。习近平总书记在建设现代化经济体系第三次集体学习中指出，建设现代化经济体系，是党中央从党和国家事业全局出发，着眼于实现"两个一百年"奋斗目标、顺应中国特色社会主义进入新时代的新要求做出的重大决策部署。现代化经济体系是与实现社会主义现代化强国相适应的经济体系。只有加快建设现代化经济体系，才能为其他领域现代化提供有力支撑，才能以高水平开放反制逆全球化、以改善营商环境反制"撤资论"、以超大市场的吸引力反制"脱钩论"，加快形成对我国有利的国际经济大循环，推动新型工业化、信息化、城镇化、农业现代化同步发展，不断壮大中国经济实力和综合国力，赢得

[①] 2018年1月30日，习近平总书记在十九届中央政治局就建设现代化经济体系进行第三次集体学习时指出。

国际竞争主动权。

建设现代化经济体系是不断化解新时代社会主要矛盾的客观要求。党的十九大报告指出，中国特色社会主义进入新时代，中国社会的主要矛盾已经转化为人民日益增长的美好生活需要和不平衡不充分的发展之间的矛盾。"不平衡不充分的发展"，其主要表现是供给相对不足和供给结构性失衡。现代化经济体系把提高供给体系质量作为主攻方向，加快发展先进制造业，通过新业态、新技术对传统产业进行改造升级，淘汰落后产能；加强现代服务业业态和商业模式创新，精确匹配差异化服务和个性化需求，带动服务质量全面提升，推动实体经济、科技创新、现代金融和人力资源有效合理配置，促进产业结构调整和优化，形成与消费有效匹配的生产服务导向，从根本上扭转供需错配现象，使供给结构适应需求结构的快速变化。因此，解决我国社会主要矛盾的根本就在于建设现代化经济体系，深化供给侧结构性改革，实现更高水平、更高质量的供给，以满足人民日益增长的美好生活需要，更好地推动人的全面发展和社会的全面进步（石建勋等，2018）。

建设现代化经济体系是我国转换发展动力、实现高质量发展的重要抓手。改革开放以来，我国国民经济经历了高速增长的黄金期，创造了世界瞩目的"中国速度"，2010年中国GDP超过日本成为世界上第二大经济体。2018年中国对世界经济增长的贡献率接近30%，持续成为世界经济增长最大的贡献者，为世界经济提供了强劲动力（申晓蓉，2019）。但"中国速度"并没有同步带来"中国质量"，我国许多产业仍处于全球价值链的中低端，关键领域核心技术受制于人的格局还没有得到实质性改善，企业的国际竞争力总体上还不够强，特别是在品牌、质量、标准上差距还比较大（石建勋等，2018）。党的十九大报告指出，我国经济已由高速增长阶段转向高质量发展阶段，正处在转变发展方式、优化经济结构、转换增长动力的攻关期，建设现代化经济体系是跨越关口的迫切要求和我国发展的战略目标。现代化经济体系将从根本上破除约束高质量发展的条件与障碍，推动原有经济基础上的增长动力、产业结构、发展方式等实现重构与升级，实现我国经济的高质量与高效益发展。

新冠肺炎疫情推动我国现代化经济体系加快建设。一方面，"新基建"推动现代化经济体系下的产业变革。在当前经济下行叠加全球疫情冲击下，消费、出口拉动经济增长的能力受限，投资将成为当下稳增长的主要驱动力，基建投资作为投资的重要组成部分，短期内能够起到稳定托底经济的作用，"新基建"①则进一步为基础设施投资扩容。2020年1月3日，国务院常务会议指出，要大力发展先进制造业，出台信息网络等新型基础设施投资支持政策，推进智能、绿色制造。2020年2月14日，中央全面深化改革委员会第十二次会议指出，要进一步打造集约高效、经济适用、智能绿色、安全可靠的现代化基础设施体系。2020年3月4日，中共中央政治局常务委员会会议再次强调要加快5G网络、数据中心等新型基础设施建设进度，为新型基础设施建设按下"快进键"。"新基建"不仅可以对传统产业进行全方位、全角度、全链条的基础改造，有利于推动产业结构优化升级，而且可以为新兴产业赋能，全面促进信息技术的市场化应用，推动数字产业形成和发展，催生新产业、新业态、新模式，如智慧医疗、智慧教育、智慧交通及智能制造等，推动我国现代产业体系变革。另一方面，要素市场化配置促进现代化市场体系建设。2020年3月30日，中共中央、国务院发布《关于构建更加完善的要素市场化配置体制机制的意见》，明确了要素市场制度建设的方向和重点改革任务，提出要破除阻碍要素自由流动的体制机制障碍，扩大要素市场化配置范围，健全要素市场体系，推进要素市场制度建设，实现要素价格市场决定、流动自主有序、配置高效公平，为建设高标准市场体系、推动高质量发展、建设现代化经济体系打下坚实制度基础。

三 北京层面

建设现代化经济体系是实现北京城市发展目标的重要途径。2017年9

---

① "新基建"包括5G基站建设、特高压、城际高速铁路和城市轨道交通、新能源汽车充电桩、大数据中心、人工智能、工业互联网七大领域。

月公布的《北京城市总体规划（2016年—2035年）》明确提出要坚持生产空间集约高效，构建高精尖经济结构。突出高端引领，优化提升现代服务业。聚焦价值链高端环节，促进金融、科技、文化创意、信息、商务服务等现代服务业创新发展和高端发展，优化提升流通服务业，培育发展新兴业态。建设一个符合"四个中心"战略定位、顺应高质量发展要求、以创新驱动发展为主要特征、适应和引领京津冀协同发展的现代化经济体系是北京在新时代背景下实现城市发展目标的重要途径。

建设现代化经济体系是破解北京经济社会发展难题的必然选择。近年来，北京经济社会取得了长足发展，经济总量、增长速度、人均GDP、人均可支配收入等主要经济指标已达到中等发达国家水平；三次产业结构相对合理，现代产业体系基本形成；现代市场经济体制机制和服务型政府基本确立，市场化资源配置机制基本形成，政府深化"放管服"改革，营商环境明显改善；等等。但仍面临诸多发展难题，经济总量和发展质量尚需进一步提升，如与纽约、东京等世界城市相比，北京在经济总量、增长质量、影响力等方面还有很大差距；经济增长对投资的依赖程度相对较高，增长新动能尚未得到充分挖掘和释放；高精尖经济结构主导地位尚未形成，服务型经济结构需要进一步优化升级。构建与首都城市定位相适应的现代化经济体系是破解这一系列难题的"灵丹妙药"。

疏解非首都功能是夯实和重塑北京现代化经济体系的基石。疏解非首都功能为推动北京产业结构转型升级、产业空间合理布局和整体经济结构重塑创造了重要的历史契机。北京通过持续推进"疏解整治促提升"工作、退出一般性制造业和低端业态、加快传统产业更新换代和转型升级、腾退低效集体产业用地、为高精尖产业腾出发展空间，推动了创新引领、协同发展的产业体系的构建，促进了北京整体经济结构重塑，为建设现代化经济体系奠定了基石。

北京采取多重举措缓解新冠肺炎疫情冲击，为现代化经济体系建设提供了宝贵经验。疫情冲击是对北京现代化经济体系建设的一场严峻考验，北京采取多重举措应对疫情造成的经济下行影响。一方面，北京市积极推动稳企稳岗、"减免缓缴"、贷款支持等政策落地。北京市先后发布实施促进中小微企业持续健康发展16条措施和保障企业有序复工复产10条措施，并针对文化产业、旅游业等出台了具体举措。以减税降费为例，北京市已为15.6万户次小规模纳税人开具1%征收率的增值税发票，金额达261.1亿元，为提供生活服务、运输疫情防控重点保障物资等的四类纳税人免征增值税4.3亿元，受理延期申报、延期缴纳税款申请5131户次，累计批准延期缴纳税款7.3亿元。北京市还出台了阶段性减免养老、失业、工伤保险费和降低职工基本医疗保险单位缴费实施细则，全年减负约767.7亿元。另一方面，围绕关键核心技术攻关、5G网络建设、人工智能、公共卫生服务、老旧小区改造等重点领域，北京市启动和储备了一批重大项目，积极扩大有效需求。抗疫期间的这些产业政策和举措，为现代化经济体系建设提供了宝贵经验。

第二章
研究综述

研究北京如何构建现代化经济体系是一个宏大的课题,开展研究之前,需要明确经济体系的具体内涵,还需要明确几个关键问题:现代化经济体系的主要特征有哪些?传统经济体系与现代化经济体系的区别是什么?传统经济体系如何向现代化经济体系演化?现代化经济体系的运行机制涉及哪些领域?构建现代化经济体系的着力点在哪里?只有在理论层面系统梳理清楚和回答好这些问题,才能构建体现北京现代化经济体系特征的测评体系。研究理论基础的逻辑导图见图2-1。

一 现代化经济体系的相关概念及内涵

经济体系。所谓经济体系,是指由社会经济活动各个环节、各个层面、各个领域的相互关系和内在联系构成的一个有机整体,强调经济的整体性和系统性(高培勇等,2019)。由于经济体系涉及面较广,目前学术界尚未形成关于经济体系概念的一个明确的统一共识,学者们大多从经济体系所涵盖的某一具体领域对其进行阐述。

经济学原理视角下的经济体系内涵。经济学是一门研究资源如何配置和利用的学科,人类的一切经济活动都是为了满足自身欲望以及由这些欲望引发的对各种物品和服务的需求,人的欲望是无限的,而满足这些欲望所需的资源在一定时期内总是有限的,即资源稀缺性。由于资源具有稀缺性,便产生了如何利用稀缺资源去生产"经济物品"以更好地满足人类需要的选择问题。所要解决的选择问题包括:生产什么(What)?如何生产(How)?

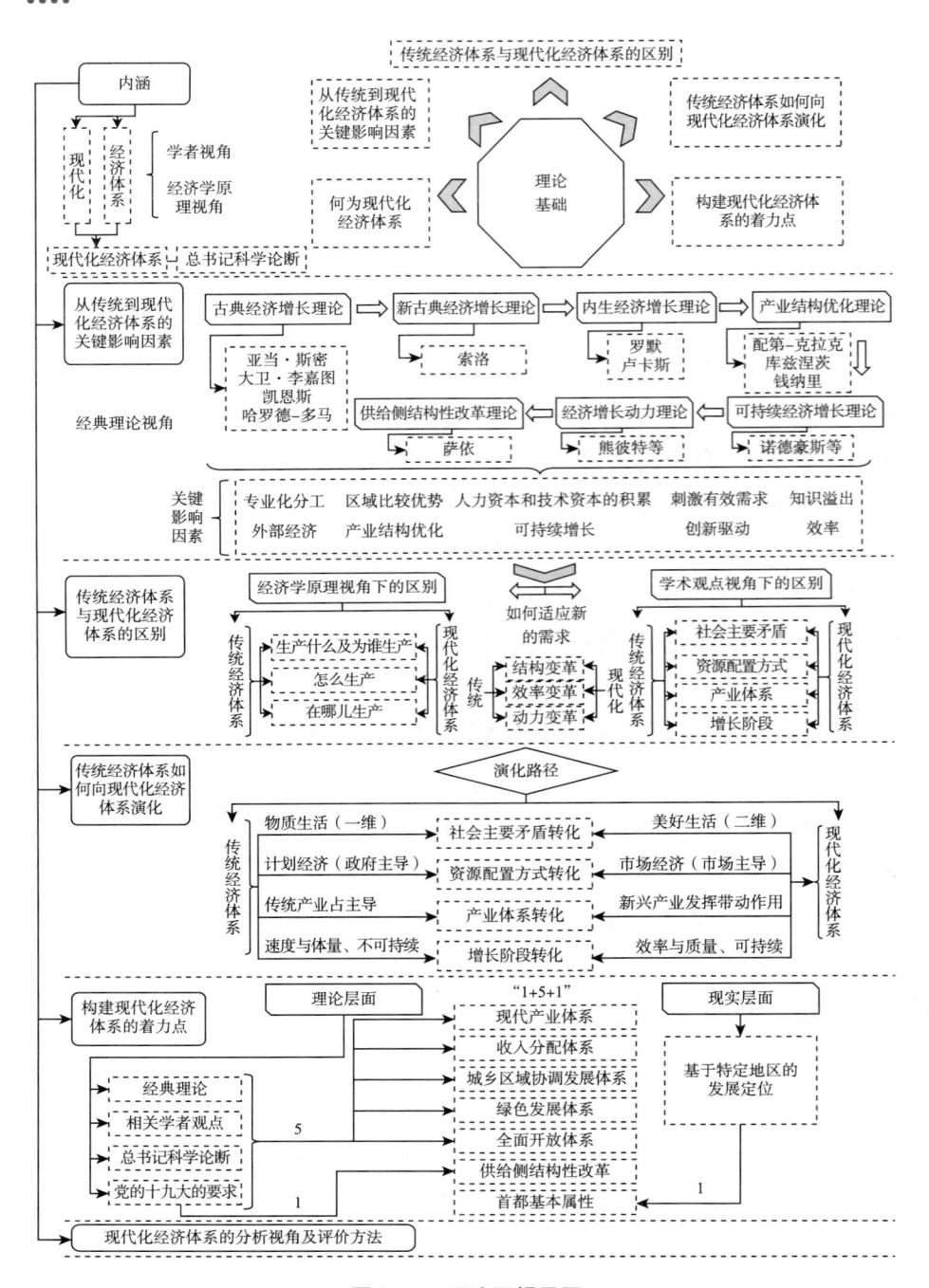

图 2-1　理论逻辑导图

第二章 研究综述

生产多少（How Many）？为谁生产（Who）？何时生产（When）？在哪儿生产（Where）？从资源的稀缺性出发解决上述问题，实际上就是要解决资源的合理配置和充分利用问题。为解决这些问题，在人类社会中有意识或无意识形成的一些个体之间的关联（简单的体系），或是随着社会形态的演变、人类需求的多样化以及对单个产品或服务需求的复杂化，就需要形成一些系统之间的关联（复杂的体系），这些简单的或复杂的、用以满足人类经济生活需求的各类体系即经济体系，包括资源优化配置体系和相应的制度保障体系。

现代化。现代化（Modernization）概念相对常用，但学术界对其含义有不同解读，一般认为现代化是指人类社会自工业革命以来所经历的一系列变革，这个变革推动了传统农业社会向现代工业社会的大转型，并引起政治、文化、思想各个领域的深刻变化。[①]

现代化经济体系。现代化经济体系在国内学术界属于一个高热度的"关键词"，热度高源自其对时代发展走向的准确判断，是习近平总书记在党的十九大报告中提出的一个非常重大的发展战略判断。

学者关于现代化经济体系概念的相关论述。从党的十九大报告首次提出"现代化经济体系"概念以来，理论界已经针对"现代化经济体系"的内涵、提出背景进行了相关研究。刘伟（2017）认为，现代化经济体系是改革、发展、开放的有机融合，其内容主要包括两个方面：一是从发展意义上来看，应该在提高要素和全要素生产率的基础上建立现代化的产业体系；二是从经济体制创新的角度来看，应探索构建高效率、现代化的经济体制。洪银兴（2018）指出，新时代开启现代化新征程的关键在于建设现代化经济体系，而现代化经济体系包括三个关键支撑体系，即创新体系、供给体系、制度体系。刘志彪（2018b）提出，建设现代化经济体系的总体

[①] 关于现代性和现代化研究的中文综述，参见罗荣渠（1986）的研究。早期的现代化理论基于西方社会现代化历程，强调单一现代化模式。艾森斯塔德（Eisenstadt，2010）则强调多元现代性（Multiple Modernities），即理解当代世界的最佳方式是将现代性视作多元、变动以及相互冲突的现代性持续形成、建构、重构和发展的故事。

框架是坚持一个方针（质量第一、效率优先）、一条主线（供给侧结构性改革），建设创新引领、协同发展的产业体系和"三有"经济体制①。其中，壮大实体经济、构建现代产业体系是支撑这个体系和框架的物质基础。张辉（2018）认为，现代化经济体系是贯彻新发展理念、以现代产业体系和社会主义市场经济体制为基础的经济体系，是以现代科技进步为驱动、资源配置高效、产业结构和产品质量不断升级的可持续发展的经济体系。冯柏等（2018）提出，建设现代化经济体系，要实现"六个转变"，即发展目的转变——先富转向共富；发展动力转变——要素高投入和低价格转向科技创新和改革开放；产业体系转变——各自发展转向协同发展；市场环境转变——优化营商环境；发展质量转变——转向绿色发展；管理方式转变——转向供给侧管理，处理好政府与市场的关系。综合来看，创新、产业、制度、供给、效率是学术界针对现代化经济体系概念总结出的几个关键词。

习近平总书记关于现代化经济体系内涵的科学论述。习近平总书记在主持中共中央政治局集体学习时指出，现代化经济体系是由社会经济活动各个环节、各个层面、各个领域的相互关系和内在联系构成的一个有机整体。习近平总书记从产业体系、市场体系、收入分配体系、城乡区域发展体系、绿色发展体系、全面开放体系和经济体制七个方面阐释了中国特色社会主义现代化经济体系的科学内涵。一是产业体系。习近平总书记指出，要建设创新引领、协同发展的产业体系。现代产业体系建设的一个重要内容，是要实现实体经济、科技创新、现代金融、人力资源协同发展。党的十九大报告指出，必须把发展经济的着力点放在实体经济上。因此，协同发展的产业体系，必须使"科技创新在实体经济发展中的贡献份额不断提高，现代金融服务实体经济的能力不断增强，人力资源支撑实体经济发展的作用不断优化"。二是市场体系。习近平总书记指出，要建设统一开放、

---

① "三有"经济体制是指党的十九大报告指出的"着力构建市场机制有效、微观主体有活力、宏观调控有度的经济体制"。参见习近平《决胜全面建成小康社会 夺取新时代中国特色社会主义伟大胜利——在中国共产党第十九次全国代表大会上的报告》，人民出版社，2017。

竞争有序的市场体系。市场体系具有开放和竞争的属性,开放是使生产要素能够在不同行业、不同部门、不同地区、不同国家之间自由流动,竞争能使生产要素向更高效率的生产部门流动。因此,现代化市场体系的标准是"实现市场准入畅通、市场开放有序、市场竞争充分、市场秩序规范",达到"企业自主经营公平竞争、消费者自由选择自主消费、商品和要素自由流动平等交换"的目的。统一开放、竞争有序的市场体系才是中国特色社会主义现代化市场体系。三是收入分配体系。习近平总书记指出,要建设体现效率、促进公平的收入分配体系。收入分配体系事关经济发展和社会进步,是经济社会发展中的根本性制度安排,决定着能否为经济发展提供能动性支撑。评判现代化收入分配体系,就是看这样的收入分配体系是否有利于实现收入分配合理,是否有利于实现社会公平正义,是否有利于实现全体人民共同富裕,是否有助于推进基本公共服务均等化,是否有助于逐步缩小收入分配差距。这是现代化经济体系对分配环节的内在要求。四是城乡区域发展体系。习近平总书记指出,要建设彰显优势、协调联动的城乡区域发展体系。城乡区域发展关乎国民经济运行的健康、平稳和效率。建设城乡区域发展体系是优化现代化经济体系空间布局的重要内容,其过程是城乡区域发展协调联动,其目标是城乡融合发展,其手段是培育和发挥城乡区域比较优势,其作用是加强区域优势互补,其结果是塑造城乡区域协调发展新格局。同时,还要实施好区域协调发展战略,包括京津冀协同发展、长江经济带发展、粤港澳大湾区发展。五是绿色发展体系。习近平总书记指出,要建设资源节约、环境友好的绿色发展体系。绿色发展作为关系我国发展全局的一个重要理念,体现了我们党对经济社会发展规律认识的深化。因为绿色是人民对美好生活的追求,民有所盼、党有所应。高质量发展的一个重要表现就是遵循自然规律的绿色发展。建设绿色发展体系,要牢固树立和践行"绿水青山就是金山银山"理念,开创社会主义生态文明新时代,形成人与自然和谐发展的现代化建设新格局。六是全面开放体系。习近平总书记指出,要建设多元平衡、安全高效的全面开放体系。我国经济发展与改革开放的逻辑是,以开放促改革,以改革促发展。开放作为基本国策是我国实现不断发展的基本准则和有效保障，是人民实现全面发展的基础和条件。建设全面开放体系的目的是提高效益，进而提升现代化经济体系的国际竞争力。建设全面开放体系的过程是实现多元平衡，更好利用"两种资源"和"两个市场"，积极推进"一带一路"框架下的国际交流合作，使我国赢得经济发展和国际竞争的主动权。通过建设全面开放体系，提高我国在全球经济治理中的制度性话语权，进而推动国际经济治理结构不断完善，构建多方共赢的全球开放新局面。七是经济体制。习近平总书记指出，要建设充分发挥市场作用、更好发挥政府作用的经济体制。通过深化经济体制改革，完善现代化经济体系的制度保障。建设现代化经济体系必须充分发挥市场作用，必须加快完善社会主义市场经济体制，坚决破除各方面体制机制弊端，释放潜力、激发活力、提升动力。在充分发挥市场作用的同时，也要更好发挥政府作用，这样才能实现市场机制有效、微观主体有活力、宏观调控有度，不断推动经济发展质量变革、效率变革、动力变革（杨东方，2018）。

建设现代化经济体系是一项复杂的系统工程，学术界关于现代化经济体系内涵的研究视角主要集中于生产供给和体制创新层面，而习近平总书记关于建设现代化经济体系的重要论断、顶层设计和重大部署都更为全面，涉及的领域更加广阔，统筹的主体更加多元。无论是对全国层面现代化经济体系的测度评价，还是对特定区域现代化经济体系的测度评价，只有体现以上七个重点领域，才能做出更加贴近现实的合理判断。

二 关于现代化经济体系的重要理论依据

经济体系朝着更为合理的方向演进，能够推动经济持续增长。本部分从经济体系内部的具体效应入手，借助相关理论解释经济体系内部发挥作用的关键因素。

（一）古典经济增长理论

经济学鼻祖亚当·斯密（2014）从分工的角度解释市场体系的成因。斯密将资本与劳动的关系放在经济运行的核心地位，并阐述了分工、劳动力、资本、技术进步与经济增长之间的密切联系。大卫·李嘉图（2009）将收入分配与经济增长联系在一起来解释市场体系的成因。分工细化促进市场效率的提高，市场机制是现代化经济体系配置资源的主要机制，规范的市场能够实现资源优化配置，为高质量发展奠定微观基础，充分释放企业潜能，为创新提供自由的空间。分工形式和深度的不断演进，具体表现为从简单协作的手工作坊到细密分工的手工工场，再到以机器大生产为基础的现代工厂，这个过程中生产组织形式日臻完善。约翰·梅纳德·凯恩斯（2015）的有效需求理论认为，解决短期内经济萧条问题的关键在于"看得见的手"发挥能动作用，通过采取扩张性的经济政策，刺激消费需求、投资需求、政府购买和净出口的增加，最终达到拉动经济增长的目的。罗伊·哈罗德与埃弗塞·多马通过分析经济增长的长期动态过程，构建了哈罗德－多马经济增长模型，认为一国经济发展是由储蓄率、资本积累、投资效率与资本生产率等要素共同决定的（Harrod，1939；Domer，1946）。

（二）新古典经济增长理论

罗伯特·索洛于1956年提出索洛模型，打破了哈罗德－多马经济增长模型中的假设条件，认为资本产出率会随着资本存量的变化而变化，所产生的稳态会使资本与劳动的比率以及人均资本产出水平保持稳定。索洛模型认为人均资本拥有量的变化率不仅取决于人均储蓄率，而且取决于按照既定的资本劳动比配备的每一新增人口所需资本量之间的差额（Solow，1970）。

（三）内生经济增长理论

内生经济增长理论的核心观点是经济的长期增长并非由外生因素决

定，而是由经济体系中的内生变量决定，这些内生变量包括技术进步、知识创新、人力资本等。内生因素的增强带来人力资本和技术资本的提升，进而提高收益率，释放经济增长潜力。罗默认为由研究与试验发展（R&D）产生的知识具有排他性，加大R&D投入和人力资本投入是实现技术创新、保持技术优势和经济竞争力的必然选择。同时，他还发现在同一科技水平下，科技创新效率越高，金融体系就越发达（Romer，1986）。卢卡斯认为人力资本是通过对教育、培训、实践经验等进行投资而获得的知识和技能方面的积累（Lucas，1988）。

（四）产业结构优化理论

现代化经济体系需要具备"新陈代谢、自我优化"的能力，因此产业结构优化是现代化经济体系构建的一个重要领域。关于产业结构优化的经典理论有配第-克拉克定律以及库兹涅茨的现代经济增长理论、钱纳里的区域经济发展阶段理论。美国经济史学家道格拉斯·诺思（2011）将结构解释为"基本上决定绩效的一个社会的那些特点，一个社会的政治和经济制度、技术和意识形态都包括在内"。经济结构失衡会影响经济效益和发展质量。一个时期以来，中国经济存在产业结构失衡、落后产能过剩、战略性新兴产业发展不足等问题，与现代化经济体系的要求明显脱节，主要表现为产业中的低端和中高端之间的结构失衡、实体经济和虚拟经济之间的结构失衡，以及区域之间经济发展不平衡等方面。

配第-克拉克定律把人类经济活动分为三次产业，并揭示了在经济进步过程中，劳动力在产业部门中分布结构变化的一般规律。威廉·配第（2014）和科林·克拉克（2020）认为，制造业比农业、商业比制造业能够获得更多的收入，这种不同产业间收入的相对差异，促进了劳动力向能够获得更高收入的部门流动。库兹涅茨在其著作《国民收入及其构成》中对产业结构的演变规律做了进一步探讨，阐明了劳动力和国民收入在产业间分布结构演变的一般趋势。第一，随着时间的推移，农业部门实现的国民收入在全部国民收入中的比重以及农业劳动力在全部劳动力中的比重均不断下降。第二，工业部门国民收入相对比重总体上升，但由于不同国家的工业化水平存在差异，其工业部门中劳动力相对比重略有上升。第三，服务部门劳动力相对比重几乎在所有国家中都呈上升趋势，国民收入相对比重略有上升。霍利斯·钱纳里等（2018）认为任何国家和地区的经济发展都会经过六个阶段。第一阶段，传统社会阶段，产业结构以农业为主，绝大部分人口从事农业。第二阶段，工业化初期阶段，产业结构由以落后农业为主的传统结构逐步向以现代工业为主的工业化结构转变。第三阶段，工业化中期阶段，制造业内部由轻型工业转向重型工业，第三产业迅速发展。第四阶段，工业化后期阶段，第三产业开始由平衡增长转入持续的高速增长，成为区域经济增长的主要力量。第五阶段，后工业化社会阶段，制造业内部结构由以资本密集型产业为主导向以技术密集型产业为主导转换，同时生活方式现代化。第六阶段，现代化社会阶段，第三产业开始分化，智能密集型和知识密集型产业开始从服务业中分离出来并占主导地位，人们消费的欲望呈现多样性和多变性。

（五）可持续经济增长理论

现代化经济体系的构建必须符合全球可持续发展的大趋势。经济发展是对现存劳动力及土地等要素以新的方式加以利用（约瑟夫·熊彼特，2000）。人类进入工业文明以来，经济发展方式历经从粗放到集约的变革，现代化生产方式将资源环境纳入生产函数，依托技术变革达成经济增长和生态保护之间的协调发展。威廉·诺德豪斯（2019）研究了经济增长和碳排放之间的关系。中国在推进产业发展过程中，为履行碳减排承诺，同时保证增长质量，需要调整经济发展方式。现代化经济体系涵盖转换经济发展模式和经济增长方式，追求产业升级与经济可持续高速发展，实现产能增加与节能降耗，与当前经济发展的特征（关键词：减量、绿色、可持续）相契合。作为国际一流和谐宜居之都，北京在构建现代化经济体系的过程中，要将绿色发展（可持续发展）理念贯穿其中，依靠技术变革、制度变革和效率变革，进行减量发展，实现"三生"融合，打造成为吸引国内外人才集聚的创新高地。

（六）经济增长动力理论

现代化经济体系要解决的关键问题是如何保障经济的平稳运行以及如何长期实现经济增长。其中，亚当·斯密（2014）关注分工的深度和广度；大卫·李嘉图（2009）关注资本积累和提高劳动生产率；道格拉斯·诺思（2011）运用资源禀赋理论和比较利益理论解释美国经济增长，研究了亚当·斯密体系中所忽视的交易成本；罗纳德·哈利·科斯（1994）则关注产权与制度；保罗·罗默将知识纳入增长模型，作为经济增长的内生变量（Romer，1986）；约瑟夫·熊彼特（2000）提出创新引致经济增长。后资源禀赋丰饶时代，资源稀缺成为经济学的前提条件，技术对生产函数的贡献越来越重要。建设现代化经济体系需要转换经济增长动力，真正使科学技术成为第一生产力，其实质就是发挥创新的核心驱动力。

（七）供给侧结构性改革理论

法国经济学家让·巴蒂斯特·萨依（1963）提出，生产、分配、交换只是手段，供给创造自身需求。目前，供给侧结构性改革的重要理论基础就是萨依定律。从国外的供给侧结构性改革来看，里根政府时期，对经济体系中政府管制的重点领域进行改革，在对这些领域解除管制之后，美国的互联网经济以及其他的创新型经济开始兴起，其本质就是让美国最大的资源优势（知识创造性）得以充分发挥，美国的现代化经济体系特征开始显露。撒切尔政府执政时期也对英国进行经济体制改革，如重点针对国有企业（占比较高、效率低下、工会力量强大等）进行改革（罗志如、厉以宁，2013）。供给侧结构性改革涉及的核心内容即如何焕发企业活力，让企业家更加自由地进行生产经营决策。

现代化经济体系与供给侧结构性改革的关系。党的十九大报告中提到，要以供给侧结构性改革为主线，推动现代化经济体系建设。为何以供给侧结构性改革为主线？刘伟（2018）认为以供给侧结构性改革为主线主要有三方面原因。一是新时代中国社会的主要矛盾发生了转化。二是中国有很多新矛盾的深层次原因在于供给侧的结构性失衡。在实物形态上，产品的品质较低抑制了消费；在价值形态上，国民收入分配结构扭曲，分配差距扩大，降低了人们的消费倾向。三是供给侧结构性改革的政策着力点是生产者。在劳动力层面，旨在提升劳动生产率，将千百万劳动大军培养成为有敬业精神的大国工匠；在企业层面，旨在造就一大批世界一流的先进企业，特别是实体制造企业；在产业层面，旨在培育一大批新型的有竞争力的产业。从这三个方面讲，以供给侧结构性改革为主线是因为它契合了当前社会主要矛盾转化运动的要求。

经典理论评述。前文按照古典经济增长理论→新古典经济增长理论→内生经济增长理论→产业结构优化理论→可持续经济增长理论→经济增长动力理论→供给侧结构性改革理论这样一套逻辑体系，从经典理论的视角系统梳理了影响现代化经济体系的关键因素，发现专业化生产（深度分工，这一点对产业链分工至关重要）、区域比较优势（这一点对在产业链中的地位至关重要）、人力资本和技术资本的积累、刺激有效需求、知识溢出、外部经济（集聚经济）、产业结构优化、可持续增长（绿色发展、减量发展）、创新驱动、效率等因素对构建现代化经济体系产生了深刻影响。

三　现代化经济体系的特征及演化路径

（一）传统经济体系与现代化经济体系的区别

1. 经济学原理视角下传统经济体系与现代化经济体系的区别

一是生产什么及为谁生产。从发展阶段来看，在农业文明时代，人类的生活需求主要停留在对农产品、手工艺品等简单实物产品的需求层面。此时，人类经济生活需求结构相对简单。进入工业文明时代，科技进步演化出来的各类电气化产品改变了人们的生活方式，衍生出更多具有时代特征的生活需求。此时，企业家及科学技术人员就需要有意识地主动创造生产新的产品去提升人们的生活品质。进入信息化时代，人们的生活需求不仅停留在现实层面，而且进入虚拟空间层面，一些信息化产品的出现满足了人们在虚拟空间里获得良好生活体验的需求。进入智能化时代，人们需要从部分可替代的实操领域"解放"出来，一些企业快速捕捉到这一需求，为这个需求的实现提供了一系列智能化解决方案。从这个历程来看，传统经济体系在解决生产什么及为谁生产方面，适应性及灵活度没有现代化经济体系强，尤其是进入信息化时代及智能化时代，传统经济体系已经不能适应人们的需求升级。

二是怎么生产。这涉及要素的组合利用方式。从土地要素来看，在农业文明时代，农业是国民经济的根本，但由于技术瓶颈，传统农业的特征是粗放的土地利用模式。到了工业文明时代，工业占据国民经济的主导地位，生产环节逐渐向园区内的工厂集中，土地资源的集约使用效率有所提升，地均产值相较于农业社会增加显著，但主要还是集中在二维空间。到了信息化时代，服务业在国民经济中占据主导地位，由于地租等因素的影响，土地资源的集约使用效率进一步提升，土地利用模式逐渐从二维空间转向三维空间，地均产值大幅增加，尤其是"楼宇经济"较为典型。传统经济体系与现代化经济体系的显著区别在于地均产值的高低。从人力资源角度来看，传统农业与现代农业的主要区别是人力、畜力及机械化动力在整个农业生产动力中的结构占比情况。在工业中，传统经济体系与现代化经济体系的一个显著区别在于劳动力以及工业机器人在整个生产过程中的占比情况。

三是在哪儿生产。这涉及区域经济学中的重要概念，即生产区位。在农业文明和工业文明时代，由于运输成本等现实因素的存在，产业链条内部各生产主体之间的距离不能太远。但是到了信息化时代及智能化时代，在经济运行过程中，知识溢出、信息资源等因素超越了传统的运输成本，再加上高铁、航空等快速运输方式的推广，传统的空间距离被打破，更强调时间距离。此时，传统经济体系中各类传统部门既有的生产区位优势被改变，现代化经济体系（尤其是新经济）带来的新的生产部门需要具备时间距离、信息距离、人才距离等新的区位优势。

2. 学术观点视角下传统经济体系与现代化经济体系的区别

"传统经济体系"并非泛指转入高质量发展阶段之前的经济体系形态，而是特指改革开放（1978年）以来逐步形成的适应高速增长的经济体系形态（高培勇等，2019）。通过对相关学者的研究观点进行梳理，发现传统经济体系与现代化经济体系的区别主要体现在以下几个方面：一是两套经济体系所面临的社会主要矛盾不同；二是两套经济体系的资源配置方式不同；三是两套经济体系的产业体系（主要是产业结构）存在显著差异；四是两套经济体系所处的增长阶段明显不同（见表2-1）。

表2-1 传统经济体系与现代化经济体系的区别

项目	传统经济体系（1978~2012年）	现代化经济体系（2013年至今）
社会主要矛盾	总量性的矛盾： (1) 人民的基本物质文化需求 (2) 更关注数量	结构性的矛盾： (1) 人的全面发展 (2) 更关注质量、个性化
资源配置方式	(1) 政府主导 (2) 增长型政府、基础性的市场机制	(1) 市场主导 (2) 公共服务型政府、起决定性作用的市场机制
产业体系	(1) 工业主导 (2) 各产业内部低端主导	(1) 服务业主导 (2) 各产业内部中高端主导
增长阶段	(1) 高速增长 (2) 低质量发展：要素投入驱动为主	(1) 可持续增长 (2) 高质量发展：技术进步驱动为主

（二）传统经济体系如何向现代化经济体系演化

传统经济体系要演化为现代化经济体系，需要实现"四个转化"，具体如下：一是社会主要矛盾内容的范围扩展和层次提升；二是资源配置方式从政府主导转化为市场主导，从简单方式（增长型政府、基础性的市场机制）转化为复杂方式（公共服务型政府、起决定性作用的市场机制）；三是产业体系从工业主导转化为服务业主导，各产业内部从低端主导转化为中高端主导；四是增长阶段从高速增长转化为可持续增长，从低质量发展转化为高质量发展。综合来看，可以将建设现代化经济体系理解为经济体系演化的过程，即从适应高速增长的传统经济体系转化为适应高质量发展的现代化经济体系（高培勇等，2019）。

1. 社会主要矛盾转化

党的十九大报告指出，我国社会主要矛盾已经转化为人民日益增长的美好生活需要和不平衡不充分的发展之间的矛盾。我国社会生产力水平总体上显著提高，社会生产能力在很多方面进入世界前列，更加突出的问题是发展不平衡不充分。从发展的不平衡上看，主要体现为发展领域间的不平衡、区域间的不平衡、群体间的不平衡。其中，发展领域间的不平衡体现在政治社会文化领域的发展虽稳步推进，但与经济领域相比尚有一定差距。区域间的不平衡主要是指东部、中部与西部地区，城市与农村，以及发达地区与欠发达地区间的发展不平衡。群体间的不平衡主要是指不同社会群体在共享发展成果方面有差距（分配机制），建立在良性橄榄形社会结构上的财富公平正义分配格局有待形成。

2. 资源配置方式转化

两种资源配置方式——市场调节和政府干预哪种更有效？历史经验和经济学理论都已给出答案。总体上看，市场主导是现代化经济体系资源配置方式组合的特征，市场决定资源配置才是最有效率的方式。具体来看，市场调节和政府干预又各有利弊。现代社会，没有一个经济体百分之百是由市场决定资源配置的，政府干预总是或多或少地存在。问题的关键在于政府与市场如何有机结合起来，实现资源配置的最优化。在构建现代化经济体系过程中，政府干预应该逐渐在某些领域让位于市场机制，让市场机制在更大范围内真正发挥资源配置作用（见图2-2）。

不论是市场调节方式还是政府干预方式，都有一个从简单到复杂的过程。对于简单的市场调节方式，其基本原理是供求关系调节市场价格与数量；对于复杂的市场调节方式，不仅调节产品供给的数量，而且要为高质量产品的供给提供激励。例如，创新产品的市场机制需要在为创新提供激

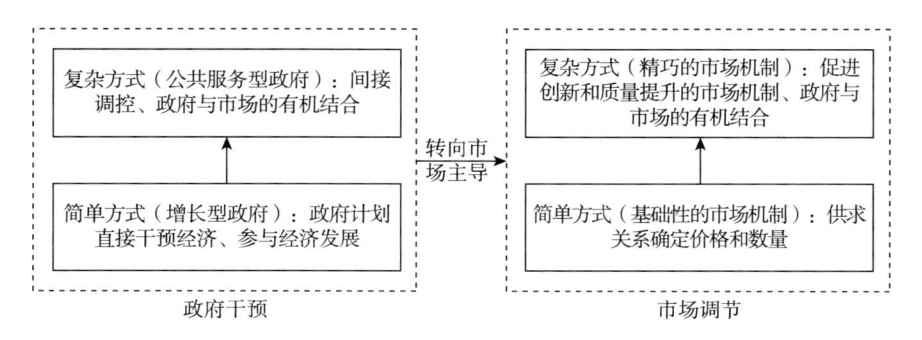

图2-2 从传统经济体系到现代化经济体系——资源配置方式的转换

励与事后效率之间权衡,因而在一定时间内给予创新者垄断地位(专利制度)是必要的。又如,品牌和市场声誉机制至关重要,即使在竞争性环境下,价格也应该高于边际成本;企业有利润,才有维持声誉的动力(Klein, Leffler, 1981; Allen, 1984; Shapiro, 1983; 杜创、蔡洪滨, 2010)。

3. **产业体系转化**

中共中央政治局委员、中央财经领导小组办公室主任刘鹤在达沃斯世界经济论坛2018年年会上的讲话中明确指出,高质量发展的主要内涵就是从总量扩张向结构优化转变,就是从"有没有"向"好不好"转变。经济结构优化建立在现代产业体系之上,经济发展"好不好"须由现代产业体系支撑,因此建设现代化经济体系对推动我国经济转向高质量发展具有重要意义。第一个维度,即三次产业的结构比例关系。三次产业结构演化分为两个阶段:第一阶段是工业化过程,工业逐渐取代农业成为国民经济的主导产业;第二阶段是服务化过程,服务业逐渐取代工业成为国民经济的第一大产业(Herrendorf et al., 2014)。第二个维度,即各产业内部从低端转向中高端的质量提升过程。一是服务业内部结构高级化;二是推动互联网、大数据、人工智能和实体经济深度融合;三是构建现代农业产业体系。

产业体系演化的两个阶段在中国恰好分别对应了传统经济体系和现代化经济体系。传统经济体系在产业体系上表现为工业主导,产业内部结构以低端为主。建设现代化经济体系,在产业体系上则要从工业主导转向服务业主导，产业内部结构从低端转向中高端（见图2-3）。

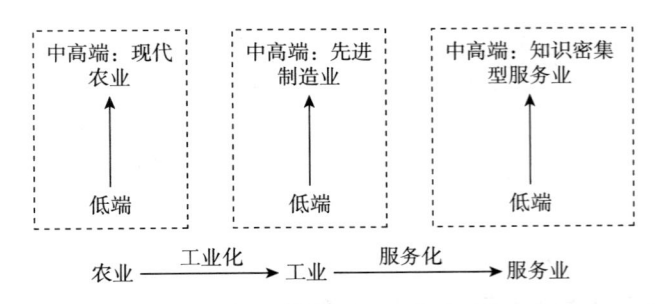

```
中高端：现代      中高端：先进      中高端：知识密集
   农业             制造业            型服务业
     ↑               ↑                  ↑
    低端            低端                低端

农业 ──工业化──→ 工业 ──服务化──→ 服务业
```

图2-3 从传统经济体系到现代化经济体系——产业体系的二维转换

4. 增长阶段转化

党的十九大报告指出，我国经济已由高速增长阶段转向高质量发展阶段。中国经济增长前沿课题组（2012）将中国正在经历的增长阶段转换概括为高投资和出口驱动的经济增长阶段（第一阶段）向城市化和服务业发展主导的经济稳速增长阶段（第二阶段）转变。高质量发展阶段主要依靠技术进步、效率驱动，高速增长阶段则主要依靠高投资、低成本劳动力等传统要素驱动。

5. 转化机制

从传统经济体系向现代化经济体系的"四个转化"需要依托一定的机制加以保障。高培勇等（2019）认为，对应的保障机制是构建现代化经济体系必不可少的重要前提条件。

机制1：社会主要矛盾的性质决定了资源配置方式的选择。社会主要矛盾即供需体系之间的矛盾，而资源配置方式是引导供给适应需求的方式，即解决社会主要矛盾的工具。当社会主要矛盾已经变化，供给体系和需求体系之间的矛盾主要是结构性矛盾的时候，有必要使市场在资源配置中发挥决定性作用。原因在于，虽然政府计划者能从总体上判断结构失衡的方向，但要满足具体的且已呈多样化、个性化的消费者需求，相对价格的信号作用价值更大。此外，需要具有创新精神的"企业家"在市场上发现需求乃至创造需求（即供给侧结构性改革的真正意义）。

机制2：资源配置方式决定产业体系特征。政府主导资源配置可以集中动员全社会资本和劳动力资源，有助于后发国家快速推进工业化。当然，完全由政府计划决定资源配置会导致工业化过程中的一系列问题，如20世纪50年代末期的过快工业化教训、重工业与轻工业比例失调、大量剩余劳动力仍然在农村等。"政府主导＋增长型政府＋基础性的市场机制"模式推动形成了工业主导的产业体系，但也导致各产业内部效率较低、低端主导的格局。中国经济增长前沿课题组（2014，2015）的研究表明，政府主导下的人力资本错配在中国表现为生产性部门人力资本配置相对较低，制约了产业结构升级和经济增长质量的提高，同时人力资本在非市场化部门的沉积，压低了人力资本的报酬水平，从而降低了居民投资人力资本的积极性，不利于现代服务业的发展和结构变迁的推进。Buera和Kaboski（2012）的研究表明，战后美国服务业的高速增长是服务市场化的过程，是由对知识（或技术）密集型服务的消费增长驱动的，20%的增长来自技术密集型服务业。知识密集型服务，如科学技术咨询服务、专业服务、教育服务、医疗卫生服务等，具有信任品性质，即消费者缺乏专业知识，需要专家供给者代为选择合适的产品组合，因而往往出现"供给诱导需求"的问题。在这些行业中，信息不对称具有多维性质，单纯政府替代市场并不能解决问题；市场机制起作用的方式复杂精巧，不是简单的"价格－数量"均衡关系（Dulleck and Kerschbamer，2006）。

机制3：产业体系特征与经济增长阶段的一致性。经济增长理论表明，高投资（高储蓄率）虽可在短期内促进经济高速增长，但最终由于资本的边际生产力递减，高投资（高储蓄率）的优势会被抵消。改革开放以来，中国的快速工业化使得劳动力逐渐从农业部门转移出来，转向相对高效率的工业部门，于是经济增长呈现"结构性加速"（Ventura，1997；Song et al.，2011；蔡昉，2010）。随着经济结构的日趋完善，就业向服务业部门集中，具有高就业比重、低劳动生产率增长率特征的第三产业不断扩张，拉低了全社会劳动生产率增长率，导致经济出现"结构性减速"（袁富华，2012）。经济结构服务化能否实现质量提升取决于经济结构服务化的路径。

一是欧洲、北美等发达地区国家。在服务业超过第二产业成为国民经济主导产业的同时，实现了服务业结构高级化，形成"高劳动生产率、高消费能力、高资本深化能力"的高效率模式。二是拉美地区国家。经济服务化表现为以传统服务业和低层次消费结构为主导，无法形成服务业转型升级路径，经济增长长期停滞（袁富华等，2016）。正反两方面的经验教训表明，服务业主导经济的过程必须伴随服务业内部结构高级化的过程，才能实现增长跨越和高质量发展。

机制4：高速增长达到一定程度，会引起社会主要矛盾转化，进而导致从传统经济体系到现代化经济体系的内生转化。

（三）构建现代化经济体系的着力点

党的十九大报告对现代化经济体系提出了基本要求，即坚持"两个优先""一条主线""三大变革""四个协同""三个体制"。其中，"两个优先"是坚持质量第一、效益优先；"一条主线"是以供给侧结构性改革为主线；"三大变革"是推动经济发展质量变革、效率变革、动力变革；"四个协同"是建设实体经济、科技创新、现代金融、人力资源协同发展的产业体系；"三个体制"是着力构建市场机制有效、微观主体有活力、宏观调控有度的经济体制。建设现代化经济体系，必须围绕贯彻落实新发展理念。总结相关学者关于如何构建现代化经济体系的研究观点，主要如下。第一，现代化经济体系是一个具有创新力的体系，通过创新适应科技发展趋势，确保现代产业在经济体系中占据主导地位。第二，现代化经济体系是一个高效率的体系，需要充分释放微观主体的活力，让市场机制能够更加有效地发挥资源配置的决定性作用。第三，现代化经济体系是一个协调平衡的经济体系，既包括实体经济、科技创新、现代金融、人力资源协同发展的产业体系，也包括城乡协调发展、区域协调发展等。第四，现代化经济体系是以人民为中心的经济体系，一方面，建设现代化经济体系的主体是人民，建设要依靠人民；另一方面，建设现代化经济体系的目的是增加人民福祉，为了满足人民日益增长的美好生活需要，就需要进行收入分配改革和供给侧结构性改革。第五，现代化经济体系是一个开放包容的体系，需要在全球范围内的部分领域具备整合优质资源的能力。第六，现代化经济体系是一个可持续发展的体系，需要秉持绿色发展、集约发展的理念，打造宜居宜业的发展环境（黄群慧，2018；姚洋，2018；张涵、丛松日，2018；高歌，2019）。

1. 建设现代化经济体系要依靠创新驱动提供原始增长动力

建设现代化经济体系是一个系统工程，创新的驱动作用体现为生产要素质量的改进，包括产业升级改造、建立有效率的经济组织、培养富有创新精神的人力资源等，这些都需要技术、制度和教育协同创新，构建现代化经济体系的创新机制。

技术创新是现代化经济体系的核心动力。创新引领的产业体系是现代化经济体系的基础和核心。技术创新决定产业体系的现代化。约瑟夫·熊彼特（2000）认为创新就是建立一种新的生产函数，具体包含以下五种情况：一是引进新产品或产品的新特性；二是引用新技术，即新的生产方法；三是开辟新市场；四是控制原材料或半成品的新供应来源；五是实现企业新的组织形式。创新的实现有赖于企业家才能的发挥。将技术或组织创新引入新生产方式可以使企业生产成本更低、更具竞争力，企业家是这种创新的先驱者和执行者。现代化经济体系是建立在先进技术基础之上的经济体系，通过培育更多拥有自主知识产权和核心竞争力的创新型企业，构建与科技发明无缝对接的技术转化体系，能够充分发挥创新驱动对现代化经济体系的能动作用。

2. 建设现代化经济体系要以完善社会主义市场经济体制为前提

现代化与市场化紧密相关，现代化经济体系是以完善的市场经济体制为基础的。对于一个国家而言，没有高度的市场化水平和成熟的市场经济体制，也就没有真正意义上的经济现代化。完善的现代产权制度和有效的生产要素市场配置机制是成熟市场经济体制的基本条件和必然要求。我国已初步建成了社会主义市场经济体制，但是还存在不完善、不成熟的地方。一方面表现在产权制度还有待进一步完善；另一方面表现在有效的要素市场化配置机制尚未形成。因此，进一步完善社会主义市场经济体制，是建设现代化经济体系的必然要求。

完善市场经济体制的重点是完善产权制度和要素市场化配置机制。就完善产权制度而言，就是要形成各种所有制经济公平参与市场竞争，其产权同等受到法律保护并接受监督管理的基本产权管理格局。这要求市场经济条件下的产权契约关系和信用关系更加完善。就完善要素市场化配置机制而言，现代化经济体系需要形成市场化的要素价格形成机制，拥有完善的市场准入和退出机制，打破行业垄断和地区封锁，实现商品和各种要素的自由流动与充分竞争。

处理好政府与市场的关系。使市场在资源配置中起决定性作用，更好发挥政府作用，是以习近平同志为核心的党中央提出的处理政府与市场关系的重大原则，是我们党关于政府与市场关系问题的重大理论创新。处理好政府与市场的关系，要坚决破除制约市场在资源配置中起决定性作用、更好发挥政府作用的体制机制弊端，正确认识和把握市场规律，使市场通过价值规律、竞争规律、供求规律等在资源配置中起决定性作用；加快转变政府职能，加强和完善政府经济调节、市场监管、社会管理、公共服务、生态环境保护职能，调整优化政府机构职能，建设人民满意的服务型政府。

3. 建设现代化经济体系要以提高实体经济供给质量为着力点

Bell 和 Albu（1999）提出实现产业转型升级的关键是提升产业的核心竞争力，着力打造独一无二的产业价值。Gereffi（1999）从全球商品链的角度出发，认为产业升级并非随机发生在技术密集型和资本密集型产业中，而是发生在全球商品链中主导企业的相关产品上。Kaplinsky 和 Morris（2001）认为产业转型升级的理念就是以更高的生产效率生产出高质量的产品，或者从事需要掌握更多技能的活动。我国实体经济"大而不强"的问题突出，虽然拥有庞大的实体经济供给数量，但供给质量不高，无法满足消费结构转型升级的需要。实体经济结构不平衡的问题，包括制造业的供需结构失衡、工业与服务业之间的结构失衡，以及实体经济发展与金融业、房地产业发展的结构失衡等，已经成为制约我国经济体系现代化水平提高的关键问题。就实体经济与现代金融之间的关系来看，现代金融是建设现代化经济体系的血脉。我国的金融资产规模虽然很大，但是金融竞争力较弱，庞大的金融体系存在资金供给与需求之间的错配。大量资金在体系内部循环，实体经济的投资严重缺乏。金融机构的信贷倾向于有政府隐性背书的国有企业，甚至大部分资金被产能过剩产业和僵尸企业所占用，中小企业融资难、融资贵、融资渠道不畅通。因此，建设现代化经济体系，必须突出强调现代金融的作用，将现代金融上升至建设现代产业体系的协同部门。

4. 建设现代化经济体系要以人的发展需求为出发点

技术创新能够实现企业利润最大化，而现代化经济体系关注全体公民的福祉，以及如何实现企业利益和社会利益的对接。在道格拉斯·诺思和罗伯斯·托马斯（2014）看来，有效率的经济组织是经济增长的关键，产权制度、法律制度以及其他组织结构的变革与创新可以解释长期经济增长的原因。事实上，创新、规模经济、教育、资本积累等不是经济增长的原因，而是经济增长本身，经济增长的关键是有效率的经济组织。其原因在于，有效率的组织可以使创新的个人收益和社会收益最大限度地接近。技术创新属于知识层面的问题，知识转化为利润，还需要适合的激励——产权（道格拉斯·诺思，2011）。现代化经济体系鼓励创新，更需要建立能够持续催生创新的激励机制，制度创新使之成为可能。制度创新给予创新更加公平有序的机制，通过制度来引导企业家的行为，真正降低制度性交易成本。

5. 建设现代化经济体系要以开放发展理念为指导

开放发展是利用国内国际市场和资源，实现相互联动的有效手段。实现开放发展，有利于在建设现代化经济体系过程中更好地利用国内国际市场，提高国际竞争力。实现开放发展，一方面，要以"一带一路"倡议为契机，坚持"引进来"与"走出去"相结合，坚守共商共建共享的原则，加强创新合作，构建海陆联动、东西共济的对外开放新格局；另一方面，要大力拓展对外贸易，不断推进贸易强国建设，不断完善贸易投资自由化政策，创新对外投资的形式，培育国际竞争新优势。

6. 建设现代化经济体系要以绿色发展理念为指导

绿色发展是突出效率、促进和谐和可持续发展的理念。只有坚持绿色发展，才能突破资源环境瓶颈，促进现代化经济体系建设。一方面，要加快建立并完善有关绿色生产和绿色消费的法律法规，以法规为导向，引导绿色供给，强化绿色需求，不断构建绿色产业体系；另一方面，要构建政府为主导、企业和个人共同参与的环境保护体系，通过全社会的共同努力，形成绿色发展的环境（张涵、丛松日，2018）。

四 研究测度现代化经济体系的主要方法

目前，学术界关于现代化经济体系建设水平评价的内容较少，主要通过构建评价指标体系与分析现代化经济体系现状的方式展开评价和研究，所选取的方法主要有层次分析法、熵值法、对比分析法等。刘陶（2019）采用层次分析法，从经济发展总体水平、政府对企业的服务能力、创新能力、现代产业体系发展水平、城乡协调发展程度、开放型经济发展水平、绿色经济发展水平七个方面构建了现代化经济水平评价指标体系。周权雄（2019）从综合经济实力、产业结构、产业体系、创新驱动、要素投入、需求结构、开放水平、城乡区域、资源环境、经济体制十个方面构建了现代化经济水平评价指标体系。苏屹等（2019）从要素间结构与要素内结构两个方面来测评东北三省现代化经济体系创新要素结构的优化策略。李欢（2019）从民生、生态环境、要素供给、动能转换等角度来测评湖北现代化经济体系。

五 总结评述

在理论层面，本章系统剖析了何为现代化经济体系、哪些因素能够对现代化经济体系产生深刻影响，并在传统经济体系与现代化经济体系的辨析过程中总结了现代化经济体系的主要特征，以及传统经济体系如何向现代化经济体系演化。基于党的十九大报告中对构建现代化经济体系的具体要求,以及习近平总书记提出的关于现代化经济体系的七个关键支撑体系,结合学术界权威专家关于构建现代化经济体系的研究观点,探索性地总结了构建现代化经济体系的几个关键着力点,认为现代产业体系、收入分配体系、城乡区域协调发展体系、绿色发展体系、全面开放体系和供给侧结构性改革是支撑现代化经济体系建设的几个关键抓手。同时认为,对于特定地区而言,现代化经济体系的构建还需结合区域的发展特点及发展战略定位。本书研究的空间载体是北京,北京作为全国的首都,有着区别于全国其他地区的区位属性,即首都基本属性。因此,研究北京现代化经济体系离不开对首都基本属性的考量。综合以上观点,本书将重点围绕"1+5+1"7个维度对北京构建现代化经济体系展开研究。

在现实层面,北京构建现代化经济体系需要结合北京市的发展定位及现实情况。北京市委书记蔡奇指出,要着眼于新时代首都职责和使命,着力建设体现首都优势和特点的现代化经济体系。[①] 一是建设与首都城市战略定位相适应的现代化经济体系。紧扣"四个中心"功能和"四个服务"职责,建设创新驱动型、全面开放型、服务主导型经济体系。二是建设支撑国际一流和谐宜居之都的现代化经济体系。坚持提高供给体系质量是基础、共享发展是内在要求、绿色发展是应有之义、安全发展是底线的原则,更好地满足市民不断增长的对和谐宜居美好生活的需要。三是建设立足北京、面向京津冀的现代化经济体系。抓住疏解非首都功能这个"牛鼻子",把支持雄安新区建设放在重要位置,北京城市副中心要创造"副中心质量",促进资源要素在京津冀区域内优化配置。北京市市长陈吉宁在北京市政协2018年委员学习班做报告时强调,应坚持高质量发展这个根本要求,着力构建现代化经济体系。[②] 北京最大的优势是首都优势,要从"都"的角度和

---

① 《蔡奇:围绕首都城市战略定位建设现代化经济体系》,搜狐网,2018年3月24日,https://www.sohu.com/a/226265957_114731。
② 《北京政协2018年委员学习班开班 陈吉宁作报告》,中国网,2018年4月19日,http://cppcc.china.com.cn/2018-04/19/content_50913503.htm。

国家战略层面，认识北京高质量发展的国家责任和历史担当，与落实新版城市总规一体谋划、统筹落实。在减量约束下实现高质量发展必须强化质量意识和成本意识，以首善标准推动首都高质量发展，控制发展成本，提高发展质量和效益，实现可持续发展。要更加注重政策的精准化，把握发展领域的整体性、平衡性，保持三次产业结构合理，在京津冀区域内形成整体性产业生态，同时加快补齐短板，促进发展要素的系统化。政府既是推动高质量发展的政策制定者、市场监管者，也是高质量发展的实践者、示范者，要通过提高政府自身的工作质量，对首都高质量发展起到重要的支撑、导向和引领作用。

第三章
北京构建现代化经济体系的总体情况分析

一 北京现代化经济体系的特征分析及内涵界定

(一)特征分析

根据前文分析,本书认为北京构建的现代化经济体系应具备以下几个特征。

重要方面之一:现代产业体系是关键支撑。现代产业是现代化经济体系的重要支撑,产业强则经济强,只有现代产业体系不断壮大与完善,现代化经济体系才有坚实的基础。习近平总书记对构建现代化经济体系做了科学论述,要建设创新引领、协同发展的产业体系,实现实体经济、科技创新、现代金融、人力资源协同发展。实体经济是建设现代产业体系的"核心要义",只有实体经济的发展才能抑制各种泡沫、抵御经济系统风险;科技创新是现代产业体系的"关键引擎",创新是引领发展的第一动力;现代金融是现代产业体系的"战略支撑",只有深化金融体制改革,才能增强金融服务现代化经济体系的能力;人力资源是现代产业体系的"基础要素",现代化经济体系要靠优秀的人才加以支撑。

重要方面之二:科学合理的收入分配体系是重要保障。收入分配是关系国计民生和社会稳定大局的重要问题。让人民共享改革开放的成果以及体现社会主义国家的优越性都离不开公平公正的收入分配体系。北京作为伟大社会主义祖国的首都,其经济发展水平在全国处于领先地位,更需要体现社公平正义，因此更需要建设体现效率、促进公平的收入分配体系。公平就业是收入分配体系的基础，就业是最大的民生。社会公平正义是保障，需履行好政府再分配调节职能，做好"兜底"，对困难群体进行帮扶。共同富裕是需努力达到的目标，在经济增长的同时需实现居民收入同步增长。基本公共服务均等化是努力方向，要均等地提供基本教育、医疗等公共服务。

重要方面之三：协调联动的城乡区域协调发展体系是重要着力点。我国社会的主要矛盾已经转化为人民日益增长的美好生活需要和不平衡不充分的发展之间的矛盾。城乡与区域发展不平衡不充分已成为制约我国经济社会发展的突出问题。习近平总书记强调，要建设彰显优势、协调联动的城乡区域发展体系。《北京市国民经济和社会发展第十三个五年规划纲要》也指出，推进区域协调发展是有序疏解非首都功能、治理"大城市病"的必然要求，要着力推动城市内部功能重组，推进城乡区域协调发展。北京作为京津冀的首位城市，区域互动不仅能够带动周边地区发展，而且能够有效缓解北京的人口和产业过度集聚，有助于解决北京"大城市病"问题。而城乡协调发展能够解决北京发展不充分问题，满足乡村人民日益增长的美好生活需要。

重要方面之四：绿色发展体系是持续发展动力。习近平总书记强调，要建设资源节约、环境友好的绿色发展体系，实现绿色循环低碳发展、人与自然和谐共生，牢固树立和践行绿水青山就是金山银山理念，形成人与自然和谐发展现代化建设新格局。近年来，北京人口资源环境矛盾日益突出，加快推进生态文明建设已成为落实首都城市战略定位、建设国际一流和谐宜居之都的必然要求。资源节约和环境保护是我国的基本国策，坚守环境质量底线、资源消耗上限是破解资源瓶颈约束、保护生态环境的首要之举。北京应积极贯彻新发展理念，担负起首都生态文明建设的政治责任。

重要方面之五：全面开放体系是关键助推力。改革开放 40 多年来，外贸作为连接国内经济和世界经济的纽带，实现了历史性跨越，使我国在全球经济治理中的地位和话语权不断提升。习近平总书记强调，要建设多元平衡、安全高效的全面开放体系，发展更高层次开放型经济，推动开放朝着优化结构、拓展深度、提高效益的方向转变。党的十九大报告指出，要坚持对外开放的基本国策,坚持打开国门搞建设,积极促进"一带一路"国际合作,努力实现政策沟通、设施联通、贸易畅通、资金融通、民心相通,打造国际合作新平台,增添共同发展新动力。政策沟通、设施联通、民心相通主要是国家层面的体现,北京作为世界第二大经济体系的首都,应贯彻落实好党中央、国务院的重要部署,推动形成全面开放新格局,以"一带一路"建设为重点,坚持"引进来"和"走出去"并重,更好地利用"两种资源"和"两个市场",实现"贸易畅通""资金融通",加强创新能力开放合作,推进"技术互通",为北京经济更高层次发展和我国的繁荣昌盛贡献力量。

基本手段:将供给侧结构性改革作为实现手段。供给侧结构性改革的本质是通过优化劳动力、土地、资本、创新等核心要素的供给和有效利用,从提高供给质量出发,通过结构调整,扩大有效供给,提高供给结构对需求变化的适应性和灵活性,从而提升供给效率。2018年中央经济工作会议指出,我国经济运行的主要矛盾仍然是供给侧结构性的,必须坚持以供给侧结构性改革为主线不动摇,更多采取改革的办法,更多运用市场化、法治化手段,在"巩固、增强、提升、畅通"八个字上下功夫。党的十九大报告指出,建设现代化经济体系是跨越关口的迫切要求和我国发展的战略目标,必须坚持质量第一、效益优先,以供给侧结构性改革为主线。蔡奇书记指出,疏解非首都功能,实际上就是供给侧结构性改革,就是调结构、转方式,就是腾笼换鸟,就是提升城市发展质量,就是更好地履行作为国家首都的职责。北京必须以疏解非首都功能为供给侧结构性改革的导向,将疏解与提升有机结合,在疏解功能中谋求发展,促进资源要素在京津冀区域内优化配置,推动经济发展质量变革、效率变革、动力变革,实现"瘦体强身"。提升供给质量是北京高质量发展的必然要求;增强供给活力是北京社会主义市场经济体制完善的重要方面;提高供给效率是北京经济长期和持续增长的关键保障。

基本要求:遵循首都基本属性。北京的城市战略定位是全国政治中心、文化中心、国际交往中心、科技创新中心。作为大国之都,北京经济不仅是地方经济,而且是承担着"四个中心"职能的首都经济,被赋予经济发展之"北京特色"——讲政治、有文化、没围墙、靠创新,即发展政治经济、文化经济、国际交往经济和科技经济。所谓政治经济，就是规制经济，强调经济的秩序化；所谓文化经济，就是品质经济，强调经济的人文化；所谓国际交往经济，就是开放经济，强调经济的国际化；所谓科技经济，就是创新经济，强调经济的现代化。这四个特色，是国家现代化经济体系北京实践的重要组成部分。蔡奇书记指出，北京构建现代化经济体系要体现首都优势和特点，紧扣"四个中心"功能和"四个服务"职责；陈吉宁市长认为，北京构建现代化经济体系要坚持高质量发展，北京最大的优势是首都优势，要从"都"的角度和国家战略层面认识北京高质量发展的国家责任和历史担当。

（二）内涵界定

综上所述，本书认为北京现代化经济体系的基本内涵是在现代产业体系、收入分配体系、城乡区域协调发展体系、绿色发展体系、全面开放体系、供给侧结构性改革等各个环节、各个层面、各个领域实现紧密联系，具备首都"四个中心"基本属性，且形成创新、协同、公平、高效、绿色、开放的有机整体的经济体系。

二 评价指标体系构建及指标选取

（一）评价指标体系的研究逻辑

现代产业体系、收入分配体系、城乡区域协调发展体系、绿色发展体系、全面开放体系是北京构建现代化经济体系的五个重要方面，供给侧结构性改革是北京构建现代化经济体系的基本手段，首都基本属性是北京构建现代化经济体系的基本要求。而在指标体系构建中没有考虑市场体系和经济体制，原因在于：一是市场体系构建和经济体制改革更多的是国家行为，北京作为单一城市可以发挥作用的空间很小；二是能够衡量市场体系和经济体制的更多是主观指标，客观指标很少。北京现代化经济体系发展情况评价指标体系研究逻辑框架见图3-1。

第三章　北京构建现代化经济体系的总体情况分析

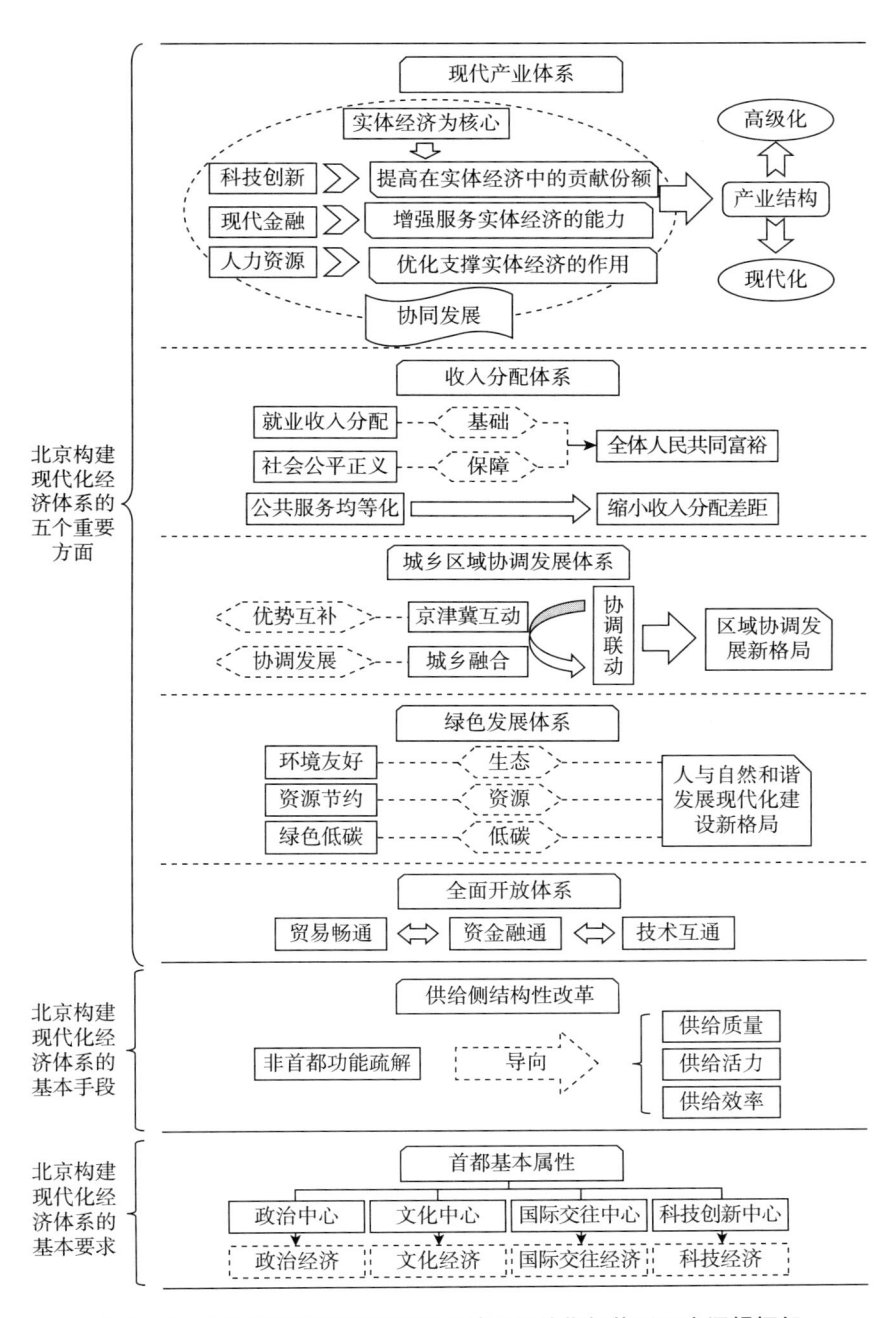

图 3-1　北京现代化经济体系发展情况评价指标体系研究逻辑框架

（二）指标选取

习近平总书记强调："建设现代化经济体系是一篇大文章，既是一个重大理论命题，更是一个重大实践课题，需要从理论和实践的结合上进行深入探讨。"本书基于北京构建现代化经济体系的理论依据和实践要求，综合考虑数据的可得性、科学性原则，构建了北京现代化经济体系发展情况评价指标体系，包括现代产业体系、收入分配体系、城乡区域协调发展体系、绿色发展体系、全面开放体系、供给侧结构性改革、首都基本属性7个一级指标以及24个二级指标、48个三级指标（见表3-1）。

表3-1　北京现代化经济体系发展情况评价指标体系

一级指标	二级指标	三级指标	数据来源
现代产业体系	实体经济	实体经济增加值（亿元）	《北京统计年鉴》
		实体经济从业人员期末人数（万人）	全国经济普查数据
	科技创新	研究与试验发展经费投入强度（%）	《中国科技统计年鉴》
		新产品销售收入[①]（亿元）	全国经济普查数据
	现代金融	地区社会融资规模（亿元）	中国人民银行营业管理部
		高新技术产业贷款余额（亿元）	中国人民银行营业管理部
	人力资源	就业人员中专科及以上学历占比（%）	《中国劳动统计年鉴》
		研究与试验发展人员全时当量（万人·年）	《北京统计年鉴》
	产业结构	现代服务业增加值占第三产业增加值比重（%）	《北京统计年鉴》
		战略性新兴产业总产值占工业总产值比重[②]（%）	全国经济普查数据
收入分配体系	就业收入分配	城镇单位在岗职工平均工资增速（%）	《北京统计年鉴》
		参加失业保险人数（万人）	《北京统计年鉴》
	社会公平正义	城市居民最低生活保障平均标准［元/（人·月）］	《中国社会统计年鉴》
		残疾人托养服务机构数量（个）	《北京市残疾人事业发展统计公报》
	人民共同富裕	全市居民人均可支配收入（元）	《北京统计年鉴》
		全市居民家庭恩格尔系数（%）	《北京统计年鉴》

第三章　北京构建现代化经济体系的总体情况分析

续表

一级指标	二级指标	三级指标	数据来源
收入分配体系	公共服务均等化	一般公共服务预算支出（亿元）	《北京统计年鉴》
		民生支出占财政支出比重（%）	《北京统计年鉴》
城乡区域协调发展体系	京津冀互动	京津冀区域发展指数	北京市统计局京津冀区域发展指数课题
		北京对津冀投资占新增资本总额比重（%）	龙信企业大数据
	城乡融合	城镇与农村居民人均可支配收入之比	《北京统计年鉴》
		城镇与农村居民人均消费支出之比	《北京统计年鉴》
绿色发展体系	环境友好	生态环境质量指数	《北京市生态环境状况公报》
		PM2.5年均浓度值（微克/立方米）	《北京市生态环境状况公报》
	资源节约	万元地区生产总值能耗（吨标准煤）	《北京统计年鉴》
		万元地区生产总值水耗（立方米）	《北京统计年鉴》
	绿色低碳	城市绿化覆盖率（%）	《北京统计年鉴》
		小汽车及出租车日均出行量（万人次）	《北京市交通发展年度报告》
全面开放体系	贸易畅通	服务贸易进出口总额（亿美元）	《北京统计年鉴》
		出口交货值[3]（亿元）	全国经济普查数据
	资金融通	中方境外投资额（亿美元）	《北京统计年鉴》
		实际利用外商直接投资额（亿美元）	《北京统计年鉴》
	技术互通	国外技术引进合同金额（亿美元）	《中国科技统计年鉴》
		技术合同技术出口成交额（亿元）	《北京统计年鉴》
供给侧结构性改革	供给质量	高技术制造业总产值占工业总产值比重[4]（%）	全国经济普查数据
		全年电子商务销售金额占商品销售额比重[5]（%）	全国经济普查数据
	供给活力	全行业新设企业数量（万家）	龙信企业大数据
		有经营活动的中小微企业营业收入（亿元）	全国经济普查数据
	供给效率	社会劳动生产率（元/人）	《北京统计年鉴》
		六大高端产业功能区法人单位资本利润率（%）	全国经济普查数据

续表

一级指标	二级指标	三级指标	数据来源
首都基本属性	政治中心	公共管理、社会保障和社会组织法人单位数（个）	全国经济普查数据
		党政机关从业人员期末人数占比（%）	全国经济普查数据
	文化中心	文化及相关产业资产总计占全国比重（%）	全国经济普查数据
		文化及相关产业从业人员占全国比重（%）	全国经济普查数据
	国际交往中心	旅游外汇收入（亿美元）	《北京统计年鉴》
		ICCA国际会议数量国内排名	ICCA国际会议统计报告
	科技创新中心	技术市场成交额（亿元）	《中国统计年鉴》
		中关村国家自主创新示范区营业收入占国家级高新区企业营业收入比重（%）	《中国统计年鉴》

注：①统计口径：规模以上工业企业新产品销售收入。
②统计口径：规模以上工业战略性新兴产业总产值占工业总产值比重。
③统计口径：规模以上工业出口交货值。
④统计口径：规模以上高技术制造业总产值占工业总产值比重。
⑤统计口径：限额以上批发和零售业法人单位全年电子商务销售金额占商品销售额比重。

（三）具体指标选取说明

1. 现代产业体系

现代产业体系包括实体经济、科技创新、现代金融、人力资源、产业结构5个二级指标。实体经济方面，选取实体经济增加值、实体经济从业人员期末人数2个指标。科技创新方面，选取研究与试验发展经费投入强度反映科技创新的投入强度；选取新产品销售收入反映科技创新的经济产出程度。现代金融方面，选取地区社会融资规模反映实体经济从金融体系获得资金支持的能力；选取高新技术产业贷款余额反映现代金融服务高精尖产业结构发展的程度。人力资源方面，选取就业人员中专科及以上学历占比反映知识型劳动者的占比；选取研究与试验发展人员全时当量反映技能型、创新型劳动者的储备。产业结构方面，选取现代服务业增加值占第三产业增加值比重、战略性新兴产业总产值占工业总产值比重分别作为衡量服务业和工业先进性的指标，体现产业高级化、现代化程度。

2. 收入分配体系

收入分配体系包括就业收入分配、社会公平正义、人民共同富裕、公共服务均等化4个二级指标。就业收入分配方面，选取城镇单位在岗职工平均工资增速、参加失业保险人数2个指标。社会公平正义方面，选取城市居民最低生活保障平均标准、残疾人托养服务机构数量2个指标。人民共同富裕方面，选取全市居民人均可支配收入、全市居民家庭恩格尔系数2个指标。公共服务均等化方面，选取一般公共服务预算支出反映北京市政府提供基本公共管理与服务的支出；选取民生支出占财政支出比重反映北京市政府对保障和改善民生的重视程度。

3. 城乡区域协调发展体系

城乡区域协调发展体系包括京津冀互动、城乡融合2个二级指标。京津冀互动方面，选取京津冀区域发展指数作为衡量区域协同发展总体程度的指标；选取北京对津冀投资占新增资本总额比重反映京津冀资本互投的程度。城乡融合方面，从收入和消费两个方面选取城镇与农村居民人均可支配收入之比、城镇与农村居民人均消费支出之比2个指标。

4. 绿色发展体系

绿色发展体系包括环境友好、资源节约、绿色低碳3个二级指标。环境友好方面，选取生态环境质量指数、PM2.5年均浓度值反映北京的生态环境质量。资源节约方面，选取万元地区生产总值能耗、万元地区生产总值水耗反映北京实际消费的各种能源、水资源的降低率。绿色低碳方面，选取城市绿化覆盖率、小汽车及出租车日均出行量反映北京增加绿化面积、减少碳排放的绿色低碳程度。

5. 全面开放体系

全面开放体系包括贸易畅通、资金融通、技术互通3个二级指标。贸易畅通方面，选取服务贸易进出口总额、出口交货值2个指标，分别从服务业和工业两个方面反映北京对外出口的整体程度。资金融通方面，选取中方境外投资额、实际利用外商直接投资额2个指标，分别从"走出去"和

"引进来"两个维度反映北京与国外资金融通的程度。技术互通方面，选取国外技术引进合同金额、技术合同技术出口成交额反映北京与国外技术合作的程度。

6. 供给侧结构性改革

供给侧结构性改革包括供给质量、供给活力、供给效率3个二级指标。供给质量方面，选取高技术制造业总产值占工业总产值比重、全年电子商务销售金额占商品销售额比重反映北京新产业、新业态的供给程度。供给活力方面，选取全行业新设企业数量反映北京新设企业的市场参与程度；选取有经营活动的中小微企业营业收入反映北京中小微企业的发展活力。在供给效率方面，选取社会劳动生产率反映北京全社会生产效率的提升程度；选取六大高端产业功能区法人单位资本利润率反映北京高端产业功能区企业资本的获利能力。

7. 首都基本属性

首都基本属性包括政治中心、文化中心、国际交往中心、科技创新中心4个二级指标。政治中心方面，选取公共管理、社会保障和社会组织法人单位数以及党政机关从业人员期末人数占比反映首都公共事务管理和党政管理的规模。文化中心方面，选取文化及相关产业资产总计占全国比重、文化及相关产业从业人员占全国比重作为反映北京文化中心发展状况的指标。国际交往中心方面，选取旅游外汇收入反映北京在国际交往中的收入变化情况；选取ICCA国际会议数量国内排名反映北京国际交往中心的地位。科技创新中心方面，选取技术市场成交额反映北京技术市场的发展情况；选取中关村国家自主创新示范区营业收入占国家级高新区企业营业收入比重反映北京高科技产业园区（作为创新载体）的发展水平。

三 指数测算方法及权重确定

在进行指数测算时，以第三次经济普查年份即2013年为基期，设置指数值为100，对第四次经济普查年份即2018年进行北京现代化经济体系发展情况评价。从现代产业体系、收入分配体系、城乡区域协调发展体系、绿色发展体系、全面开放体系、供给侧结构性改革、首都基本属性七个方面考察分指数的变动趋势，将分指数合成为北京现代化经济体系发展情况综合指数，对北京在构建现代化经济体系方面取得的成效进行评价。

（一）权重确定

由于本指标体系共有 7 个一级指标，无法均等赋权，因此采用专家打分的形式赋予权重，邀请区域经济相关领域专家共 5 人，每位专家分别对一级指标进行打分，经过综合分析评估，最后设定一级指标的权重，将首都基本属性、现代产业体系、收入分配体系、全面开放体系、供给侧结构性改革的权重设置为 16 分，将城乡区域协调发展体系、绿色发展体系的权重设置为 10 分。二级指标、三级指标采取均等赋权方法。

（二）标准化处理

为保证各指标层的可加性，首先对各指标值进行标准化处理。设指标 2013 年的取值为基准 1，根据正向指标和逆向指标的差异，对各指标进行标准化处理。处理方法如下：y_{2018} 为某指标 2018 年的指标值，y_{2013} 为某指标 2013 年的指标值，p_{2018} 为标准化后的指标值。

正向指标标准化处理公式为：

$$p_{2018} = \frac{y_{2018}}{y_{2013}}$$

逆向指标标准化处理公式为：

$$p_{2018} = \frac{1}{y_{2018}/y_{2013}} = \frac{y_{2013}}{y_{2018}}$$

（三）指数合成

采用指数加权法进行综合评价，得出各级指标的指数值。

指数加权法的基本公式为：

$$综合指数 S = \sum(p_i \times w_i)$$

其中，p_i 是经过标准化处理后得到的指标值，w_i 为第 i 个分指标的权重，$p_i \times w_i$ 可得到一个分指标的指数值，通过加权求和得到二级指标、一级指标的指数值以及综合指数值。

首先，以 2013 年为基期，对三级指标进行标准化处理，得到三级指标标准值；其次，对三级指标进行加权求和得到二级指标值，并依此方法得到一级指标值，即现代产业体系、收入分配体系、城乡区域协调发展体系、绿色发展体系、全面开放体系、供给侧结构性改革、首都基本属性 7 个分指数值；最后，对 7 个分指数值加权求和得到北京现代化经济体系发展情况综合指数值。根据 2018 年相较于 2013 年分指数和综合指数的变化情况，判断北京现代化经济体系发展情况。

四 北京现代化经济体系发展情况总体评价

（一）综合评价

经过测算，北京现代化经济体系发展情况综合指数值及分指数值见图 3-2。

北京现代化经济体系稳步发展，各领域指数值明显提升。测算结果显示，2018 年北京现代化经济体系发展情况综合指数为 130.7，相较于 2013 年上升了 30.7，说明 2013~2018 年北京在构建现代化经济体系方面取得了显著进展。各分指数均获得不同程度的提升，其中供给侧结构性改革、城乡区域协调发展体系指数增长趋势较为显著，2018 年指数值分别为 143.7、139.2，可见北京在供给侧结构性改革和城乡区域协调发展方面成效显著；收入分配体系、现代产业体系、绿色发展体系、全面开放体系指数均取得较大幅度增长，2018 年指数值分别为 134.1、130.9、130.4、129.7；首都

第三章 北京构建现代化经济体系的总体情况分析

○ 2013年　● 2018年

类别	2018年指数值
现代产业体系	130.9
收入分配体系	134.1
城乡区域协调发展体系	139.2
绿色发展体系	130.4
全面开放体系	129.7
供给侧结构性改革	143.7
首都基本属性	109.9
北京现代化经济体系	130.7

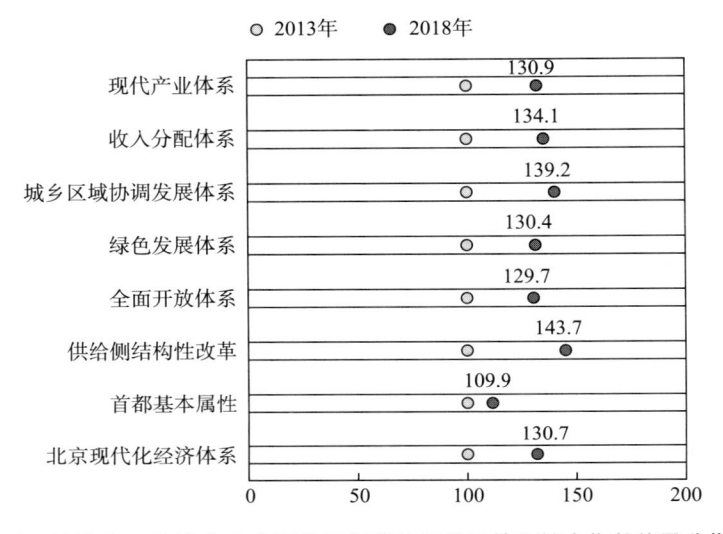

图3-2 2013年、2018年北京现代化经济体系发展情况综合指数值及分指数值

基本属性指数稳中有升，2018年指数值为109.9。可见，北京在各领域的积极建设，推动了其现代化经济体系的构建。

1. 现代产业体系高质量发展

2018年，北京现代产业体系指数值为130.9，相比2013年上升了30.9。其中，实体经济指数明显上升，指数值为132.4。实体经济是筑牢现代化经济体系的坚实基础，北京实体经济繁荣发展，是北京创造经济增加值的主力军。2013~2018年，实体经济增加值由16047.4亿元增加至23487.1亿元，增长了46.4%；实体经济从业人员期末人数不断增加，由1011.7万人增加至1198.5万人。实体经济是北京带动就业、促进增收的关键力量，脱虚向实是现代化经济体系发展的重要着力点。科技创新指数值为107.9。2013~2018年，研究与试验发展经费投入强度由6.0%上升至6.2%，新产品销售收入由3672.8亿元增加至4136.6亿元，进一步提高科技成果转化落地能力是北京科技创新发展的关键。现代金融指数显著提升，指数值为186.6。2013~2018年，北京地区社会融资规模由12556.0亿元增加至17784.3亿元，增长了41.6%，北京实体经济从金融体系获得的资金支持不断增加，现代金融服务实体经济的能力不断增强；全市中资银行高新技术产业人民币贷款余额保持较快增长，高新技术产业贷款余额由1658.9亿元增加至3841.3亿元，增长了131.6%。可见，现代金融着力服务北京高精尖产业结构构建和重点领域发展。人力资源指数值为111.0。就业人员的学历水平不断提升，2013~2018年，就业人员中专科及以上学历占比由51.4%上升至57.4%；研究与试验发展人员数量不断增多，研究与试验发展人员全时当量增长了10.4%。产业结构指数值为116.4。2013~2018年，现代服务业增加值占第三产业增加值比重由68.1%上升至75.7%，现代服务业占据主要地位；战略性新兴产业总产值占工业总产值比重由20.8%上升至25.3%。可见，北京服务业和工业产业高端化水平不断提升，产业结构更加优化。2018年北京现代产业体系二级指标指数值见图3-3。

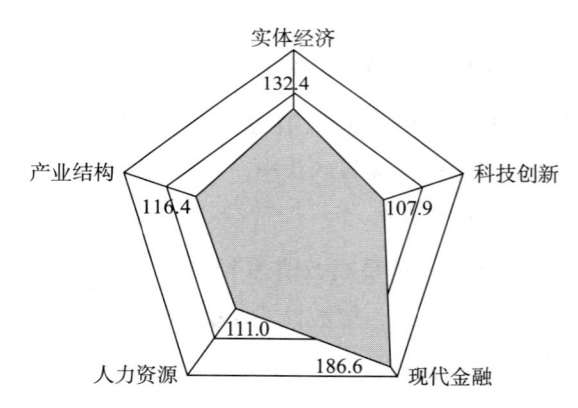

图3-3 2018年北京现代产业体系二级指标指数值

2. 收入分配体系持续完善

2018年，北京收入分配体系指数值为134.1，相比2013年上升了34.1。其中，就业收入分配指数值为114.5。就业收入不断增长且增速稳步提升，2013~2018年，城镇单位在岗职工平均工资增速由10.2%上升至11.0%；失业保障水平大幅提升，参加失业保险人数增长了21.0%。社会公平正义指数显著提高，指数值为148.1。国民收入再分配对社会公平正义愈加重视，对困难民众进行帮扶的力度持续加大，2013~2018年，城市居民最低生活保障平均标准由580.0元/（人·月）上调至1000.0元/（人·月），残疾人托养服务机构数量不断增加。人民共同富裕指数值为135.8。2013~2018年,全市居民人均可支配收入大幅增加,由40830.0元增加至62361.0元,增长了52.7%;全市居民家庭恩格尔系数由24.0%下降至20.2%,人民生活水平不断提高。公共服务均等化指数值为138.3。北京对公共服务的财政投入大幅上涨,2013~2018年,一般公共服务预算支出由297.1亿元增加至512.4亿元,增长了72.5%;民生支出占财政支出比重由62.8%上升至65.3%。可见,北京积极推进基本公共服务均等化,对民生领域建设的重视程度不断提高,收入分配差距将有所缩小。2018年北京收入分配体系二级指标指数值见图3-4。

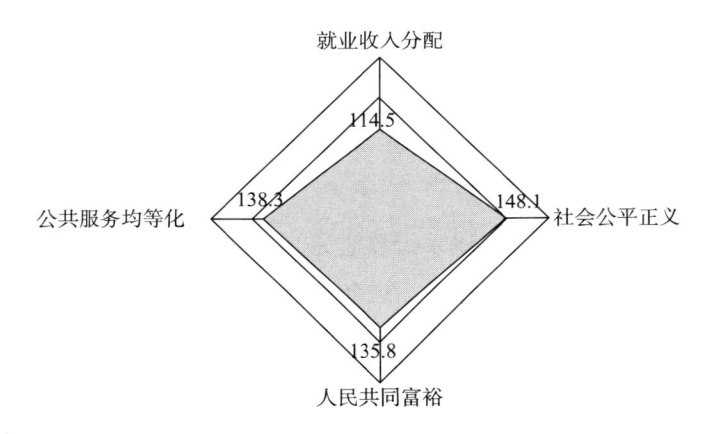

图3-4 2018年北京收入分配体系二级指标指数值

3. 城乡区域协调发展体系优势显现

2018年,北京城乡区域协调发展体系指数值为139.2,相比2013年上升了39.2。其中,京津冀互动指数显著增长,指数值为172.9。2013~2018年,京津冀区域发展指数①实现较大幅度的增长,由117.7上升至160.1;北京对津冀投资占新增资本总额比重由4.5%上升至9.4%,2018年是2013年的2.1倍。这说明京津冀区域总体发展日趋协调,京津冀区域间资本互动越发频繁。城乡融合指数值为105.5。城镇与农村居民人均可支配收入之比、城镇与农村居民人均消费支出之比均有所下降,城乡发展差距日益缩小。在北京积极推

---

① 京津冀区域发展指数由北京市统计局京津冀区域发展指数课题组测算,自2018年起向社会发布。

动京津冀协同发展、促进城乡融合发展背景下,现代化经济体系的空间布局不断优化。2018年北京城乡区域协调发展体系二级指标指数值见图3-5。

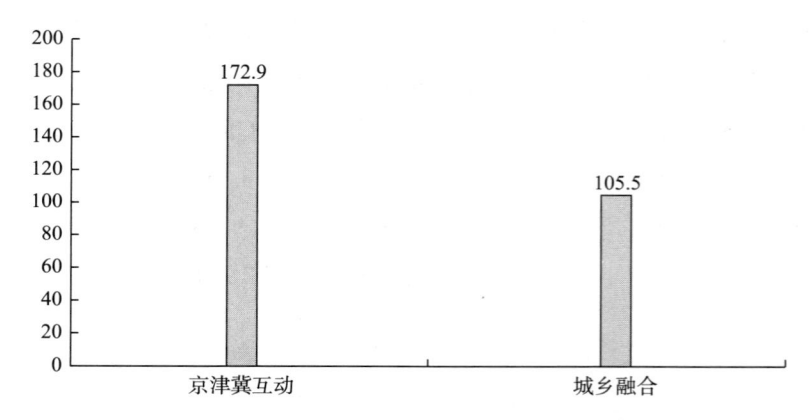

图3-5 2018年北京城乡区域协调发展体系二级指标指数值

（京津冀互动：172.9；城乡融合：105.5）

4. 绿色发展体系成效显著

2018年,北京绿色发展体系指数值为130.4,相比2013年上升了30.4。其中,环境友好指数值为139.1。近年来,北京生态环境得到较大改善,2013~2018年,生态环境质量指数①由66.6上升至68.4,PM2.5年均浓度值由89.5微克/米^{3}下降至51.0微克/米^3,空气质量持续改善。资源节约指数大幅提高,指数值为146.9。2013~2018年,万元地区生产总值能耗、万元地区生产总值水耗分别下降34.2%、29.5%,资源节约利用效率显著提高。绿色低碳指数值为105.2。2013~2018年,城市绿化覆盖率有所提升,汽车交通出行碳排放量逐渐减少,小汽车及出租车日均出行量由1090.0万人次下降至1019.0万人次,下降了6.5%。北京绿色发展体系的进步是其现代化经济体系健康、可持续发展的推动力。2018年北京绿色发展体系二级指标指数值见图3-6。

5. 全面开放体系有序推进

2018年,北京全面开放体系指数值为129.7,相比2013年上升了29.7。

---

① 生态环境质量指数即《北京市生态环境状况公报》中按照《生态环境状况评价技术规范》进行评价的全市生态环境状况指数（EI）。

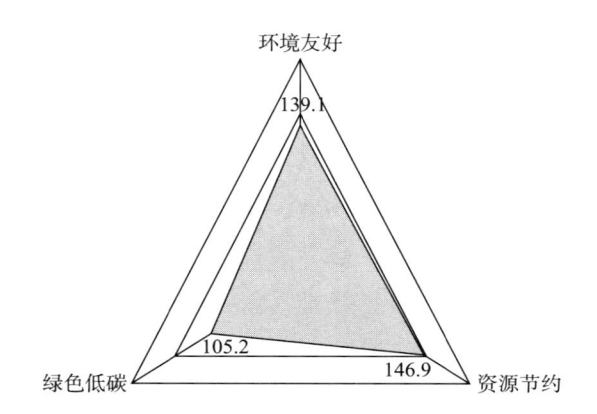

第三章 北京构建现代化经济体系的总体情况分析

图 3-6 2018 年北京绿色发展体系二级指标指数值

其中，贸易畅通指数值为119.6。服务贸易扩大开放，2013~2018年，北京服务贸易进出口总额由1023.3亿美元增加至1606.2亿美元，增长了57.0%；工业对外出口有所降低，出口交货值下降了17.7%。这说明服务贸易对外开放是北京目前的发展重点。资金融通指数显著提高，指数值为179.9。北京在对外投资和吸引国外投资方面均大量增加，2013~2018年，中方境外投资额由41.3亿美元增加至64.7亿美元，增长了56.7%；实际利用外商直接投资额由85.2亿美元增加至173.1亿美元，增长了103.2%。技术互通指数值为89.6，相比2013年降低了10.4。北京技术引进减少，但技术出口增多，2013~2018年，国外技术引进合同金额下降了31.5%；技术合同技术出口成交额不断增长，由653.6亿元增加至723.4亿元。这一方面说明北京的技术不断进步，另一方面说明贸易摩擦等国际政治因素限制了北京与国外的技术互通程度。2018年北京全面开放体系二级指标指数值见图3-7。

6. 供给侧结构性改革不断深化

2018年，北京供给侧结构性改革指数值为143.7，相比2013年上升了43.7。其中，供给质量指数显著上升，指数值为167.6。经济发展新常态下，北京新产业、新业态的供给质量明显提升。在新产业方面，北京先进制造业加快发展，2013~2018年，高技术制造业总产值占工业总产值比重由19.0%上升至22.5%；在新业态方面，数字化消费规模快速扩张，全年电

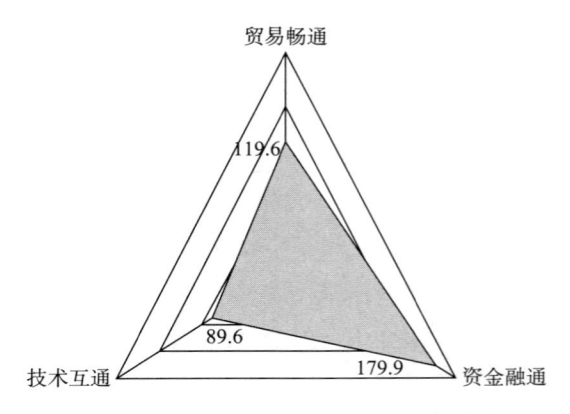

图 3-7 2018 年北京全面开放体系二级指标指数值

子商务销售金额占商品销售额比重由 8.5% 上升至 18.4%，提升了 9.9 个百分点。供给活力指数值为 144.5。2013~2018 年，北京全行业新设企业数量由 11.8 万家增加至 18.5 万家，增长了 56.8%；有经营活动的中小微企业营业收入由 59130.6 亿元增加至 78103.9 亿元，增长了 32.1%。可见，全社会创新创业充满活力，小微企业发展潜力巨大。供给效率指数值为 119.1，相比 2013 年上升了 19.1。从全社会来看，2013~2018 年，社会劳动生产率不断提高，由 178178.0 元/人增加至 244950.0 元/人；从高端产业功能区发展来看，六大高端产业功能区法人单位资本利润率保持不变，均为 1.3%。2018 年北京供给侧结构性改革二级指标指数值见图 3-8。

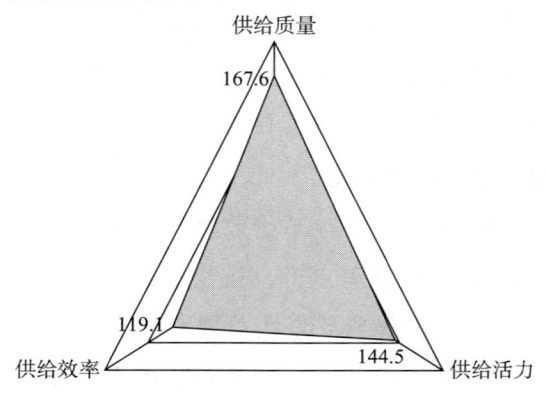

图 3-8 2018 年北京供给侧结构性改革二级指标指数值

7. 首都基本属性持续向好

2018年，北京首都基本属性指数值为109.9，相比2013年上升了9.9。在政治中心建设方面，政治中心指数值为102.3。政治中心建设是现代化经济体系建设的基础和保障，首都公共事务管理日益规范，党政机关规模有所扩大，基层组织建设有序推进。2013~2018年，北京公共管理、社会保障和社会组织法人单位数不断增加，由17134.0个增加至17478.0个，有利于更好地服务首都、方便群众；党政机关吸纳就业人数不断增长，党政机关从业人员期末人数占比由77.3%上升至79.4%，可见党政机关是北京公共事务管理的一大主力军。在文化中心建设方面，文化中心指数值为87.2，相比2013年降低了12.8，北京文化及相关产业发展仍有上升空间。2013~2018年，文化及相关产业资产总计不断增加，但其占全国比重有所下降，由18.8%下降至12.0%，降低了6.8个百分点，说明我国文化及相关产业蓬勃发展，北京作为文化中心，应进一步吸引、壮大文化及相关产业的经济资源；北京文化及相关产业吸纳就业人数不断增加，文化及相关产业从业人员占全国比重由5.4%上升至5.9%，可见北京文化及相关产业从业人员数量在我国占据一席之地，且吸纳就业的增速快于全国，其对现代化经济的发展具有良好的推动作用。在国际交往中心建设方面，国际交往中心指数值为107.6，国际旅游、会展赛事助力北京经济发展，国际旅游的经济效益有所提升，但可能存在对国外游客吸引力不强的问题。2013~2018年，北京旅游外汇收入呈增长态势，由47.9亿美元增加至55.2亿美元，增长了15.2%，但入境旅游者人数有所下降，国内旅游者人数大量增加，说明随着人民生活水平的不断提高，入境旅游为北京带来的经济效益有所增长，北京是大量国内游客向往的旅游地，但对国外游客可能存在吸引力不强的问题，打造特色国际文化节庆活动、特色传统文化活动是吸引国外游客的关键；国际会议、国际展览在京举办，能够推动经济高质量发展，ICCA国际会议统计报告显示，2013年和2018年北京ICCA国际会议数量国内排名均为第一。在科技创新中心建设方面，科技创新中心指数值为142.5，全国科技创新中心地位稳固。2013~2018年，中关村国家自主创新示范区营业收入由30497.4亿元增加至58830.9亿元,占国家级高新区企业营业收入比重由15.3%上升至17.0%,在众多国家级高新区中占据重要地位,凸显了北京作为科技创新中心的龙头地位;北京成果转化落地能力有待提升,北京技术市场成交额由2851.7亿元增加至4957.8亿元,增长了73.9%,但其占全国比重由38.2%下降至28.0%,说明北京作为全国科技创新中心,其技术市场成交额在我国技术市场中占较大比重,但成果转化落地能力仍有待提升。2018年北京首都基本属性二级指标指数值见图3-9。

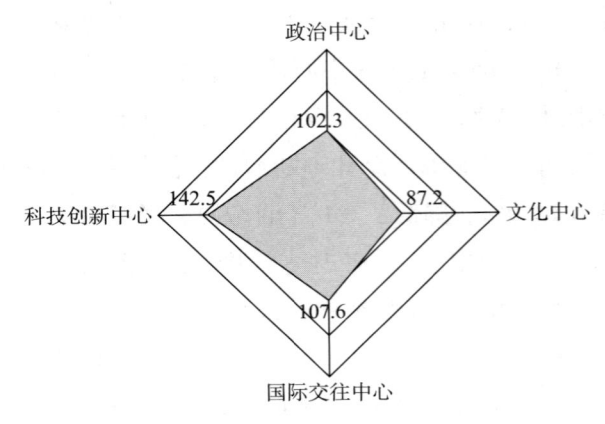

图3-9 2018年北京首都基本属性二级指标指数值

(二)分项分析

在对北京现代化经济体系发展情况进行综合评价的基础上,基于习近平总书记关于现代化经济体系的科学论述,本部分对北京现代产业体系、现代市场体系、收入分配体系、城乡区域协调发展体系、绿色发展体系、全面开放体系、经济体制共七个分项进行系统分析。

1. 现代产业体系

现代产业体系建设需围绕实体经济、科技创新、现代金融、人力资源、产业结构的协同发展展开,必须使"科技创新在实体经济发展中的贡献份额不断提高,现代金融服务实体经济的能力不断增强,人力资源支撑实体经济发展的作用不断优化",避免经济发展出现"重虚轻实"的问题。

第三章　北京构建现代化经济体系的总体情况分析

（1）产业结构不断优化，实体经济、"新经济"领域发展势头迅猛

北京市第三产业增加值占比较高，产业结构趋于高端化。2013～2018年，北京市第一、第二产业增加值占地区生产总值比重持续下降，第三产业增加值占地区生产总值比重不断提高，由79.5%上升至83.1%，提高了3.6个百分点（见图3－10）。同时，第二、第三产业高端化程度不断提升，现代服务业增加值占第三产业增加值比重由68.1%上升至75.7%，战略性新兴产业总产值占工业总产值比重由20.8%上升至25.3%。实体经济蓬勃发展。实体经济是现代化经济体系的基础支撑，实体经济已成为北京创造经济增加值的主力军，是北京带动就业、促进增收的关键力量。2013～2018年，实体经济增加值由16047.4亿元增加至23487.1亿元，增长了46.4%；实体经济从业人员期末人数不断增加，由1011.7万人增加至1198.5万人。"新经济"领域发展势头迅猛。从行业来看，2013～2018年，信息传输、软件和信息技术服务业以及金融业增加值占地区生产总值比重分别提高了3.5个和2.6个百分点，提升幅度远高于其他行业，而工业、批发和零售业增加值占地区生产总值比重下降明显（见表3－2）。从全国范围来看，2017年北京市信息传输、软件和信息技术服务业以及科学研究和技术服务业增加值占全国比重分别为13.3%、14.0%，处于领先地位。

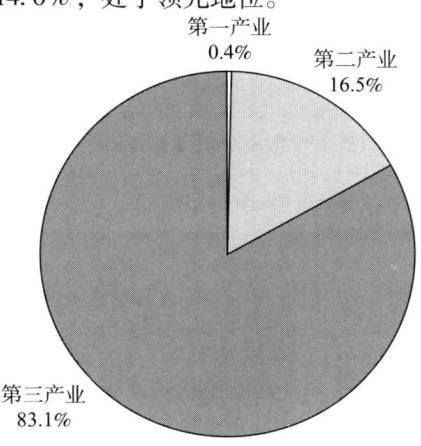

图3－10　2018年北京市三次产业增加值占地区生产总值比重

资料来源：北京市第四次全国经济普查。

表 3-2　2013 年与 2018 年不同行业增加值占地区生产总值比重

单位：%，百分点

行业	2013 年	2018 年	变化
农、林、牧、渔业	0.8	0.4	-0.4
工业	15.8	12.5	-3.3
建筑业	4.1	4.2	0.1
批发和零售业	11.7	8.5	-3.2
交通运输、仓储和邮政业	3.2	3.1	-0.1
住宿和餐饮业	2.0	1.6	-0.4
信息传输、软件和信息技术服务业	9.5	13.0	3.5
金融业	15.4	18.0	2.6
房地产业	8.2	7.5	-0.7
租赁和商务服务业	8.3	7.3	-1.0
科学研究和技术服务业	6.8	7.8	1.0
水利、环境和公共设施管理业	0.7	0.9	0.2
居民服务、修理和其他服务业	0.7	0.7	0
教育	4.2	4.8	0.6
卫生和社会工作	2.3	2.8	0.5
文化、体育和娱乐业	2.3	2.2	-0.1
公共管理、社会保障和社会组织	4.1	4.8	0.7

注：部分行业标准有微调，"科学研究和技术服务业"对应 2013 年"科学研究、技术服务和地质勘查业"，"卫生和社会工作"对应 2013 年"卫生、社会保障和社会福利业"，"公共管理、社会保障和社会组织"对应 2013 年"公共管理和社会组织"。

资料来源：北京市第三次和第四次全国经济普查。

（2）科技成为产业发展的新动能，创新对实体经济的贡献率不断提升

在科技与经济日益融合的背景下，自主创新已成为首都经济发展的内生动力，也是提升首都核心竞争力的关键支撑。从科技创新的投入来看，2013~2018 年，北京市研究与试验发展经费投入强度由 6.0% 上升至 6.2%；从科技创新的经济产出来看，2013~2018 年，北京市新产品销售收

入由3672.8亿元增加至4136.6亿元；从科技创新创造的产值来看，2013～2018年，北京市高技术制造业、规模以上战略性新兴产业总产值分别增长12.6%和20.8%，电子及通信设备制造业、医药制造业总产值分别增长20.4%和16.4%；从科技创新对经济的贡献来看，2018年，科技创新对北京经济增长的贡献率达到60.4%。[①] 在新一轮科技革命及产业变革背景下，北京市应积极参与技术标准和竞争规则的制定，切实推动政产学研用深度融合，将创新突破和加快应用作为提升核心竞争力的关键，把握未来经济竞争"新赛场"的主动权，实现经济体系的全面升级。

（3）现代金融快速发展，服务实体经济的能力显著提升

近年来，北京市制定了多项举措推动现代金融更好地服务实体经济。首先，鼓励发展新型金融业态。根据创新型企业的融资需求特点，需进一步支持多层次资本市场的发展，推动符合企业需求的金融产品和模式创新，以更好地适应新一轮科技革命和产业变革，进而丰富首都金融业态。其次，加大力度解决民营企业特别是民营小微企业融资难的问题。北京市已从总量、结构和成本等方面建立了一套基于民营企业、小微企业获得金融服务实体经济的指标体系，建立了服务中小微企业的金融综合服务平台、融资担保基金和不良资产处置平台，以帮助民营企业、小微企业更好地获得融资，降低融资成本。最后，完善了金融业创新生态系统。积极对接国家金融改革，顺应人民币市场化、国际化发展趋势，推动了科技金融创新中心建设，以及全国中小企业股份转让系统、机构间私募产品报价与服务系统、本市区域性股权交易市场的创新发展，高标准建设了北京保险产业园、中关村互联网金融创新中心、中关村并购资本中心、北京基金小镇等。现代金融在服务北京实体经济及高精尖产业领域取得了显著成效，2013～2018年，北京地区社会融资规模由12556.0亿元增加至17784.3亿元，增长了41.6%；高新技术产业贷款余额由1658.9亿元增加至3841.3亿元，增长了131.6%。

---

① 北京市统计局。

(4) 研发人才优势显著，有效支撑实体经济高水平发展

人力资源是当前全球竞争的焦点，也是建设现代产业体系的核心要素。首先，北京市研究与试验发展人员量增质优，为实体经济建设提供了有力支撑。《北京统计年鉴》数据显示，2018 年，北京市研究与试验发展人员投入规模持续扩大，研究与试验发展人员数量达到 39.70 万人，较 2013 年的 33.42 万人增长了 18.8%；研究与试验发展人员全时当量为 26.73 万人·年，较 2013 年的 24.22 万人·年增长了 10.4%（见图 3-11）。研究与试验发展人员总量不断增加，为实体经济发展提供了支撑。其次，重点行业创新人才数量快速增长。2018 年，北京市研究与试验发展人员主要集中在科学研究和技术服务业、教育、制造业以及信息传输、软件和信息技术服务业，这 4 个行业的研究与试验发展人员数量占比分别为 41.3%、21.6%、16.2% 和 14.7%，研究与试验发展人员全时当量占比分别为 49.6%、13.7%、16.8% 和 15.1%，与 2013 年相比，科学研究和技术服务业以及信息传输、软件和信息技术服务业的研究与试验发展人员呈明显增长态势（见表 3-3）。最后，发挥了金融对人才发展的支撑作用。北京市金融监管局推出了首都高层次人才综合金融服务的具体措施，为首都广大人才发展和创新创业提供了更加全面、更为精准的综合金融服务。

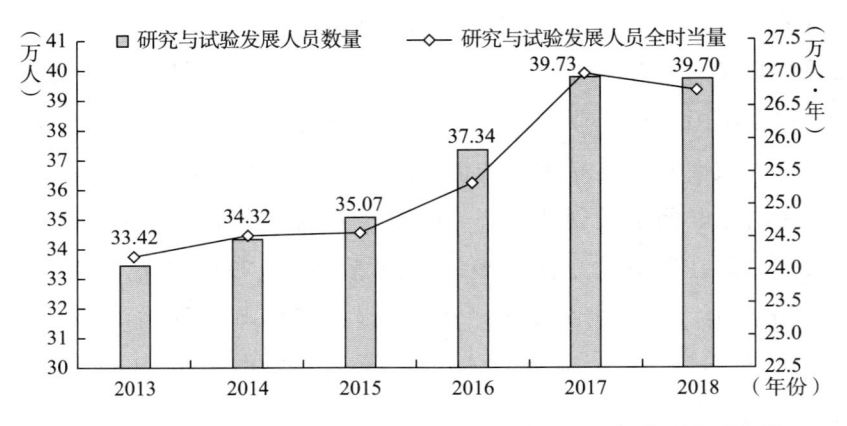

图 3-11 2013~2018 年北京市研究与试验发展人员数量及全时当量

第三章　北京构建现代化经济体系的总体情况分析

表 3-3　2013 年、2018 年北京市研究与试验发展人员数量占比及全时当量占比

单位：%

行业	研究与试验发展人员数量占比 2013 年	研究与试验发展人员数量占比 2018 年	研究与试验发展人员全时当量占比 2013 年	研究与试验发展人员全时当量占比 2018 年
科学研究和技术服务业	38.0	41.3	46.7	49.6
教育	21.8	21.6	13.3	13.7
制造业	22.1	16.2	22.4	16.8
信息传输、软件和信息技术服务业	10.8	14.7	11.7	15.1

资料来源：根据《北京统计年鉴》(2014 年、2019 年) 数据计算。

（5）重点领域高端人才较为匮乏，高校科技成果转化率较低

近年来，北京市人力资源总量不断攀升，但重点领域的高端人才依旧比较匮乏。2016 年，在全球高被引科学家（3265 人）中，中国（含港澳台地区）共 175 人，仅占全球的 5.4%，其中北京地区共 39 人，在材料、化学、物理等领域占全球的 3% ~ 7%，而在电子信息、生命科学等重点领域的占比较小。[1] 同时，高校科技成果转化率较低。一方面，风险投资体制机制不健全。高校科技成果转化是一项风险系数较高的活动，国外很早就将风险投资引入科技成果转化领域，然而风险投资在我国起步较晚。当前，风险投资在市场准入、实收资本金制度、企业组织形式、退出机制等方面都存在体制机制障碍，这在一定程度上限制了高校科技成果的转移和转化。另一方面，高校创新创业服务平台尚不完善。目前，北京市高校创新创业服务体系由政府主导，中介服务机构数量有限，虽然可以满足新孵化企业在初始阶段的基础性要求，但在技术、融资、高素质人才等环节尚不能满足创新创业的要求，也不能满足基于企业不同发展阶段的差异化需求。

2. 现代市场体系

市场体系具有开放和竞争的属性，开放是指生产要素能够在不同行业、不同部门、不同地区、不同国家之间自由流动，竞争是指生产要素能够向

---

[1] 《北京科技人才发展现状及思考》，搜狐网，2018 年 5 月 17 日，https://www.sohu.com/a/231873770_785179。

更高效率的生产部门流动。现代市场体系构建的目标是"实现市场准入畅通、市场开放有序、市场竞争充分、市场秩序规范",达到"企业自主经营公平竞争、消费者自由选择自主消费、商品和要素自由流动平等交换"。目前,北京市现代市场体系建设呈现以下特点。

(1) 要素市场化配置稳步推进,市场配置资源作用充分发挥

从土地要素来看。一是强调土地资源的统筹规划利用。2018年,北京市出台《北京市土地资源整理暂行办法》,强调遵循城乡用地全覆盖原则、减量提质原则、公益性原则与"放管服"原则,通过统筹利用区域土地资源要素,为北京构建高精尖经济结构、引导产业结构转型升级、补齐城市建设短板等提供用地保障。二是创新土地使用方式。做好工业用地的循环利用,积极推广"先出租后出让、出租出让相结合、弹性出让"等供地方式,降低产业用地成本。三是积极盘活土地存量。建立市、区两级联动机制,优先利用闲置和低效存量建设用地,节约集约利用存量空间资源,因地制宜建立存量土地盘活机制。

从劳动力要素来看。一是建立市场导向的人才引进机制。对达到一定创业投资规模的创业人才及其团队可优先办理引进,对社会贡献突出的单位可使用绿色通道引进人才,通过在积分落户政策中设立创新创业指标引进相关人才,通过人才链、创新链、产业链、资本链和市场需求的有机衔接补齐人才短板。二是构建统一开放的人才市场体系。培育和建设专业性、行业性人才市场,推进人才中介服务机构公共服务与经营性服务的分离改革,采取政府购买公共服务等方式支持人才中介服务机构发展,实施更加开放的人才市场准入制度。三是实行更具竞争力的海外人才引进政策。加强对海外人才在项目申请、成果推广、融资服务等方面的支持,完善更加灵活、更加有效的人才开发利用机制,通过优惠政策积极吸引国际顶尖人才在京集聚。北京市市长陈吉宁表示,2018年以来,共有3500多名人才办理了引进落户北京的手续[①],北京高端人才引进力度不断加大。

---

① 《陈吉宁:去年以来北京共有3500多名人才办理引进落户手续》,百度百家号,2019年9月19日,https://baijiahao.baidu.com/s?id=1645078860099542298&wfr=spider&for=pc。

第三章 北京构建现代化经济体系的总体情况分析

从资本要素来看。一是多层次资本市场建设进程加快。拓宽企业直接融资渠道，丰富金融市场的层次和品种，为中小微企业提供基础性的资本市场服务，积极推进小微企业金融服务创新形式。截至 2019 年 9 月末，北京市辖内 14 家法人银行 1000 万元以下的普惠型小微企业贷款余额为 743.62 亿元，较 2019 年初增长 27.76%；贷款户数为 2.82 万户，较 2019 年初增加 2458 户。北京市辖内普惠型小微企业贷款余额、贷款户数持续增长。① 二是持续推进金融业对外开放。支持外资金融机构全面参与北京市服务业扩大开放，外资金融机构可优先享受服务管家、登记注册"绿色通道"、人才引进"绿色通道"、人才生活服务保障四个方面的便利举措。

从技术要素来看。一是知识产权保护力度进一步加大。2019 年，北京市知识产权局共受理专利侵权案件 310 件，其中电商专利侵权案件 202 件，北京市市场监管系统就打击侵犯知识产权和假冒伪劣案件共立案 2072 件，结案 2065 件。② 目前已形成行政执法和司法保护两种途径的知识产权保护模式，健全了知识产权举报投诉和维权援助体系。二是大力推进科技成果的资本化与产业化。统筹科技金融政策与资源，积极推动科技金融工作的开展，设立科技成果转化基金引导社会资源参与科技成果转化，通过实施无偿资助、贷款贴息、风险补偿、股权投资、资本金注入等措施打造"科技金融综合服务平台"。三是开展国际科技创新合作推动跨国技术转移。搭建了基于研发合作、技术标准、知识产权、跨国并购等的国际科技服务平台，鼓励企业参与国际化创新网络和技术转移网络的建设，已搭建起中国国际技术转移中心、亚欧科技创新合作中心、中意技术转移中心、中韩企业合作创新中心和北京-特拉维夫创新中心 5 个国际创新合作平台，促进了 5000 多家国内外企业实现技术对接 8000 多项次，达成合作意向 1000 项，

---

① 《北京银保监局：遏制变相抬升小微企业综合融资成本行为》，新京报网站，2019 年 11 月 20 日，http://www.bjnews.com.cn/finance/2019/11/20/651925.html。
② 《北京发布 2019 年知识产权保护状况》，中国知识产权资讯网，2020 年 4 月 24 日，http://www.iprchn.com/index_newscontent.aspx?newsid=122287。

促成460余项技术成果在多个省（自治区、直辖市）落地。[1]

从数据要素来看。一是政府数据开放共享逐步常态化。在北京市大数据行动计划的指引下，建成职责为根、目录为干、数据为叶的"目录区块链"系统。截至2020年1月，北京市除4个涉密单位外的60个单位1000余个处室都已经上链[2]，逐步向社会提供更多数据实现开放共享，通过建立统一的数据标准，打破数据壁垒，推进政府部门间的信息共享和交换，推动互联网、大数据、人工智能在市场监管、城市管理、公共服务、民生保障和社会治理等方面的应用。二是数据资源应用价值大幅提升。启动建设公共数据开放创新基地，培育孵化各行业大数据和人工智能技术成果及创新型企业；积极推进建设数据产业园区，通过公共数据开放，促进大数据、人工智能等方面的企业孵化；充分发挥大数据应用场景的牵引带动作用，在城市管理领域和公共服务领域开展人工智能应用，构建人工智能生态体系。

（2）配套政策日益完善，市场体系日趋成熟

一是建立公平竞争的审查制度。制定尊重市场竞争优先、立足全局统筹兼顾、科学谋划分步实施、依法审查强化监督等审查原则；制定市场准入和退出标准、商品和要素自由流动标准、影响生产经营成本标准、影响生产经营行为标准等审查标准；通过审查制度，确保政府相关行为符合公平竞争要求和相关法律法规；维护公平竞争秩序，保障各类市场主体平等使用生产要素、公平参与市场竞争、同等受到法律保护。

二是建立现代化的市场监管体系。依托"互联网+监管"平台，创新跨部门联合"双随机、一公开"监管方式，细化量化行政处罚标准。进一步规范失信联合惩戒对象的纳入标准和程序，建立完善的信用修复机制和异议制度，规范信用核查和联合惩戒。形成具有首都特色的市场监管法律

---

[1]《北京 扩大创新的国际"朋友圈"》，搜狐网，2019年4月2日，https://www.sohu.com/a/305341551_114731。

[2]《北京市经信局副局长：北京市60个单位1000余个处室都已经上链》，区块链网，2020年1月12日，https://www.qklw.com/lives/20200112/47833.html。

体系，具体包括：建立行政执法与司法的衔接机制，完善执法人员管理机制和执法程序，健全普法宣传教育机制；全面落实行政执法责任制，着力解决市场监管体系不完善和监管不到位等问题，平等保护各类市场主体的合法权益。截至2019年底，北京市市场监管部门共查处侵犯知识产权和假冒伪劣案件2072件，罚没款1.3亿元，捣毁窝点35个，移送司法机关20件。[1]

三是完善市场准入和退出制度。全面清理市场准入负面清单之外违规设立的准入许可和隐性门槛，不得额外对民营企业设置准入附加条件；建立清理隐性门槛的长效机制，重点在教育、文化、体育、医疗、养老等社会领域加大清理力度；破除招投标隐性壁垒，不得对具备相应资质条件的企业设置与业务能力无关的企业规模门槛和明显超过招投标项目要求的业绩门槛；开展与企业性质挂钩的行业准入、资质标准、产业补贴等规定的清理工作；畅通市场化退出渠道，完善企业破产清算和重整制度，提高注销登记便利度。

（3）加大制度建设力度，促进消费者权益保护水平不断提升

一是落实消费者权益保护责任制度。引导市场主体提高商品和服务的信息透明度，确保消费信息公开透明；完善售后服务体系，健全售后服务网络，建立不合格产（商）品召回制度，严格落实"三包"责任，鼓励经营者制定高于"三包"规定的实施细则；建立健全消费者权益保护内部管理制度和消费纠纷解决机制，妥善处理消费者投诉和建议。

二是积极发挥消费者协会组织作用。积极开展社会调查、商品比较试验，通过网站、微信公众号等途径发布维权、警示等信息；针对专业性、技术性较高的消费纠纷，引入消费纠纷解决专家等专业力量提升调解工作水平；坚持重点领域专项治理模式，根据消费者诉求及监管执法情况，针对问题易发领域集中力量开展专项治理，打击侵害消费者合法权益的违法行为。北京市消费者协会数据显示，截至2019年底，北京市各级消费者协

---

[1] 《2019年北京市市场监管部门查处的侵权假冒十大典型案件》，北京市市场监督管理局网站，2020年4月23日，http://scjgj.beijing.gov.cn/zwxx/scjgdt/202004/t20200423_1880311.html。

会组织共受理消费者投诉90558件（包含96315登记投诉23731件），接待来访咨询86765人次，为消费者挽回经济损失5459.29万元。[①]

尽管北京市在市场体系建设中已经取得了较大成效，但仍存在一些问题，与现代市场体系的核心理念和内涵特征不相符，与经济高质量发展的要求也不相符。具体包括：市场秩序有待规范，以不正当手段谋取经济利益的现象依然存在；生产要素市场发展滞后，要素闲置与大量有效需求得不到满足现象并存；市场规则不统一，部门保护主义和地方保护主义行为仍有发生；市场竞争不充分，假冒伪劣产品难以彻底根除，"低价又低质"的现象时有发生，阻碍了优胜劣汰机制作用的发挥；消费者维权意识和维权能力仍相对不足；等等。

3. 收入分配体系

习近平总书记指出，要把建设体现效率、促进公平的收入分配体系作为建设现代化经济体系的一个重要组成部分。体现效率是调动各种要素所有者的积极性和创造性，继续做大"蛋糕"；促进公平就是要着力缩小收入分配差距，使收入分配更加合理，分好"蛋糕"。目前，北京市收入分配体系建设主要呈现以下特点。

（1）就业形势持续向好

就业总量持续扩大，在岗职工工资持续增加。在新增就业方面，2013~2018年，北京市城镇新增就业人数始终保持在40万人以上，总体处于较高水平。在失业率方面，2013~2018年，北京市城镇登记失业率总体呈波动态势，由2013年的1.21%上升至2017年的1.43%，2018年有所下降，为1.40%（见图3-12）。在职工工资方面，2013~2018年，北京市在岗职工平均工资持续增加，2018年在岗职工平均工资为15.0万元，高出2013年5.6万元，年均增长9.8%；在岗职工平均工资增长率始终保持在8%以上（见图3-13）。

[①]《北京市消费者协会2019年度投诉统计分析》，北京市消费者协会网站，2020年3月14日，http://www.bj315.org/shjj/gzdt/202003/t20200314_22484.shtml。

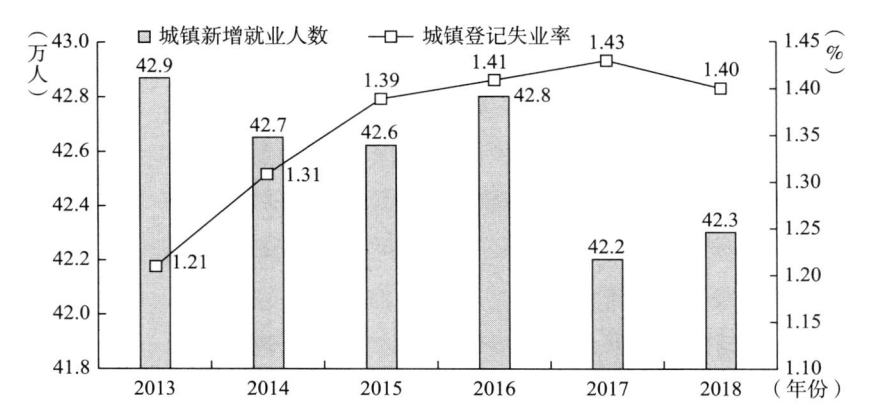

图 3-12　2013~2018 年北京市城镇新增就业人数和城镇登记失业率

资料来源：《北京统计年鉴》（2014~2019 年）。

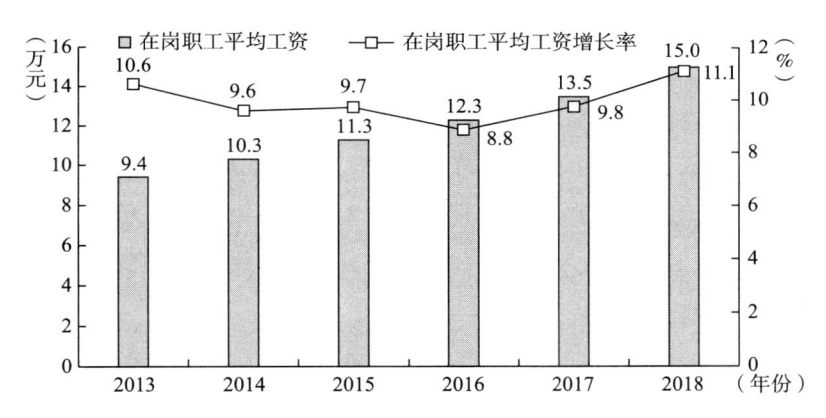

图 3-13　2013~2018 年北京市在岗职工平均工资及其增长率

资料来源：《北京统计年鉴》（2014~2019 年）。

就业结构持续优化，第三产业吸纳劳动力的主体地位提高。北京市第三产业就业人员占比有所提高，由 2013 年的 76.7% 上升至 2018 年的 81.6%，提高了 4.9 个百分点（见图 3-14）。

（2）居民收入不断增加

北京市居民收入持续增加，但收入增速有所放缓。在总量方面，2013~2018 年，全市居民人均可支配收入持续增加，从 4.1 万元增加到 6.2 万元。在实际增长率方面，2018 年全市居民人均可支配收入实际增长率为 6.3%，

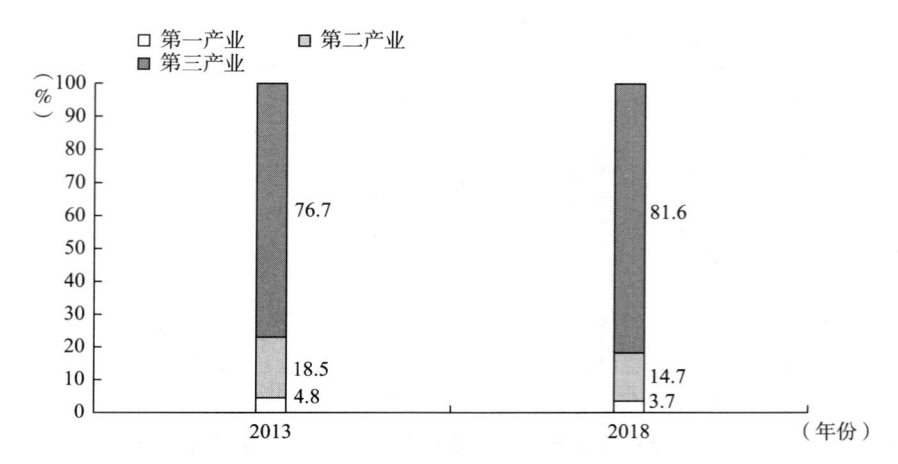

图 3-14　2013 年、2018 年北京市三次产业就业人员占比

资料来源:《北京统计年鉴》(2014 年、2019 年)。

比 2013 年的 7.4% 低 1.1 个百分点。其中,2013~2018 年,北京市城镇居民人均可支配收入由 4.5 万元增加至 6.8 万元,但城镇居民人均可支配收入实际增长率大幅下降,由 7.1% 下降至 6.2%,下降了 0.9 个百分点(见图 3-15);北京市农村居民人均可支配收入由 1.7 万元增加至 2.6 万元,农村居民人均可支配收入实际增长率保持相对稳定,2018 年为 6.6%,高于城镇居民人均可支配收入实际增长率(见图 3-16)。

图 3-15　2013~2018 年北京市城镇居民人均可支配收入及其实际增长率

资料来源:《北京统计年鉴》(2014~2019 年)。

第三章 北京构建现代化经济体系的总体情况分析

图 3-16 2013~2018 年北京市农村居民人均可支配收入及其实际增长率

资料来源：《北京统计年鉴》（2014~2019 年）。

（3）居民收入结构优化

居民收入结构愈加均衡，居民通过资产获得的收入大幅增加。2013~2018 年，北京市城镇居民财产净收入占人均可支配收入的比重显著提高，由 1.3% 上升至 17.6%，提高了 16.3 个百分点，居民通过资产获得的收入明显增加；工资性收入占比有所降低，由 66.9% 下降至 59.6%；转移净收入占比由 28.6% 下降至 21.2%；经营净收入占比由 3.3% 下降至 1.6%（见图 3-17、图 3-18）。与 2013 年相比，2018 年北京市城镇居民收入结构相对均衡，财产净收入占比提高，工资性收入、经营净收入、转移净收入占

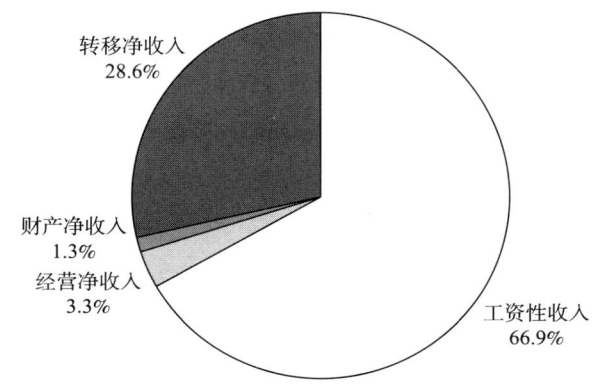

图 3-17 2013 年北京市城镇居民人均可支配收入结构对比

资料来源：《北京统计年鉴》（2014 年）。

063

比有所降低，居民增收的渠道更加丰富。

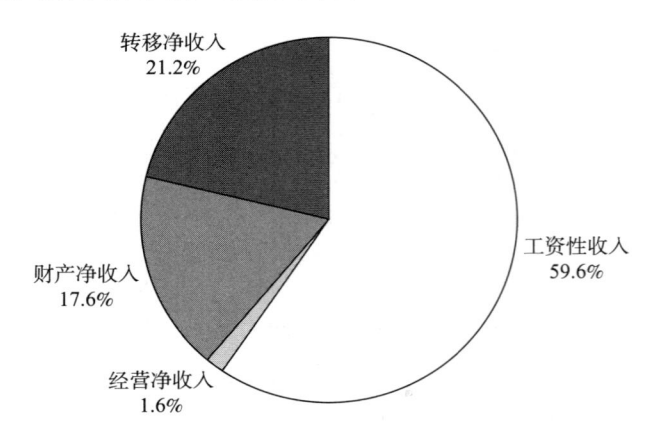

图 3-18　2018 年北京市城镇居民人均可支配收入结构对比
资料来源：《北京统计年鉴》（2019 年）。

工资性收入对农村居民收入的重要性进一步提高。2013~2018 年，北京市农村居民工资性收入占比提高，由 65.6% 上升至 74.8%，提高了 9.2 个百分点，说明针对农村居民转移就业、返乡创业等的各项惠农措施效果显著；经营净收入占比有所提高，由 4.5% 上升至 7.6%，提高了 3.1 个百分点；转移净收入占比有所下降，由 18.8% 下降至 10.4%，下降了 8.4 个百分点，说明农村居民对转移支付的依赖性降低（见图 3-19、图 3-20）。

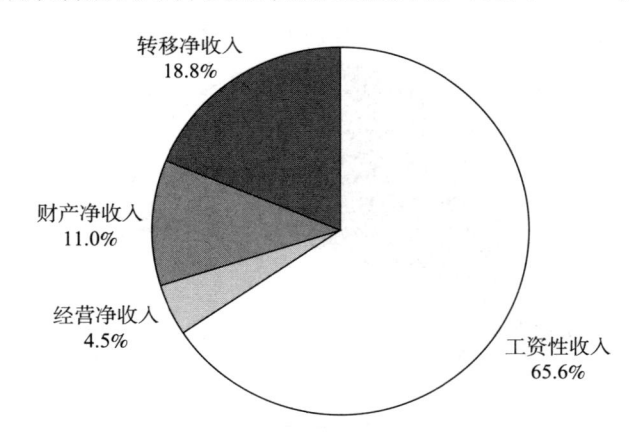

图 3-19　2013 年北京市农村居民收入结构对比
资料来源：《北京统计年鉴》（2014 年）。

第三章　北京构建现代化经济体系的总体情况分析

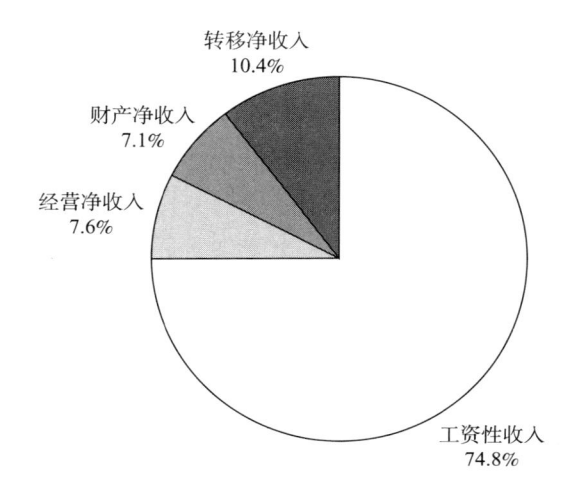

图 3-20　2018 年北京市农村居民收入结构对比
资料来源：《北京统计年鉴》（2019 年）。

（4）居民收入差距有所扩大

居民收入差距有所扩大，收入不平等程度略有提高。城镇居民大岛指数[①]在波动中上升。2013~2017 年，北京市城镇居民大岛指数由 3.88 上升至 4.25，城镇居民收入不平等程度有所提高。农村居民收入差距拉大。2013~2017 年，北京市农村居民大岛指数在波动中上升，由 3.98 上升至 4.24，整体呈现"W"形的增长趋势，农村居民的收入不平等程度也呈上升态势，但差距扩大的速度慢于城镇（见图 3-21）。

（5）城乡居民生活水平差距缩小

居民生活水平有所提高，城乡居民生活水平的差距缩小。2013~2018 年，北京市城乡居民家庭恩格尔系数持续下降，其中城镇居民家庭恩格尔系数由 23.8% 下降至 20.0%，农村居民家庭恩格尔系数由 27.9% 下降至 23.8%。同时，城乡居民家庭恩格尔系数的差值有所减小，由 4.1 个百分点下降至 3.8 个百分点，城乡居民生活水平的差距不断缩小。北京市城乡居民

---

① 大岛指数是指在居民收入五等分中最高 20% 居民收入总和与最低 20% 居民收入总和之比，也可以表示为最高 20% 居民平均收入与最低 20% 居民平均收入之比，是反映居民不平等程度的指标。

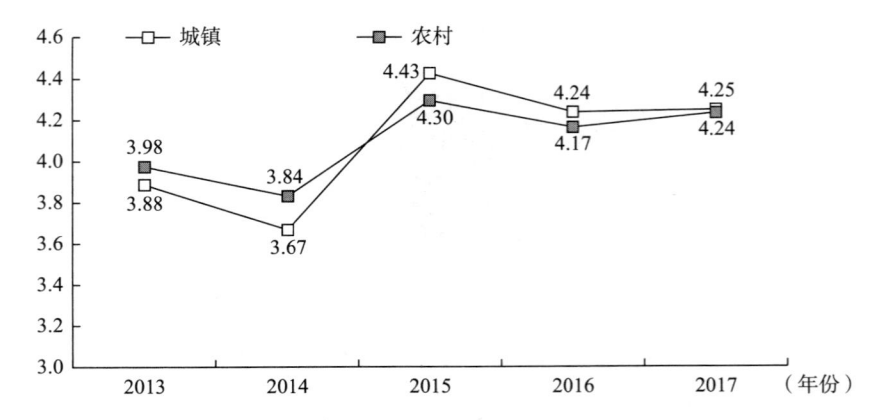

图 3-21　2013~2017 年北京市城乡居民大岛指数

资料来源：根据北京市统计局数据计算得出。

收入差距小于全国平均水平。2013~2018 年，北京市城乡居民人均可支配收入之比保持在 2.6 左右，城乡居民收入差距相对稳定。与全国城乡居民人均可支配收入之比相比，北京市城乡居民收入差距小于全国平均水平，说明北京市在缩小城乡收入差距方面做得较好（见图 3-22）。

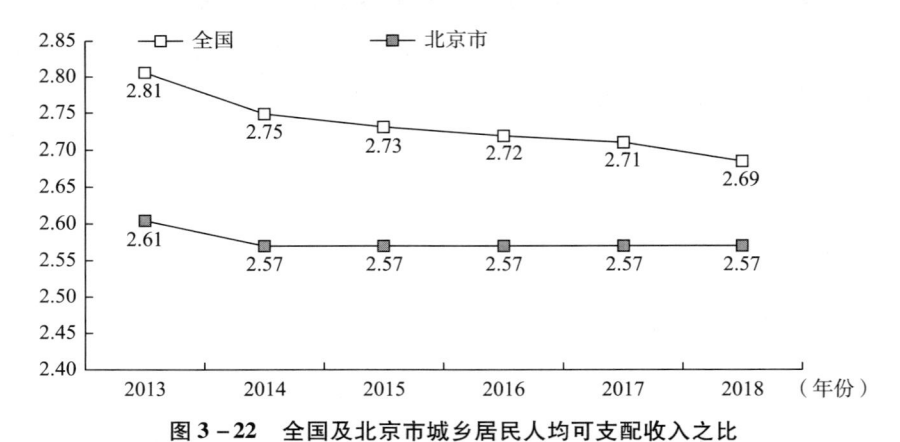

图 3-22　全国及北京市城乡居民人均可支配收入之比

资料来源：根据《北京统计年鉴》（2014~2019 年）、《中国统计年鉴》（2014~2019 年）数据计算并绘制。

4. 城乡区域协调发展体系

协调发展是北京构建现代化经济体系的必要支撑，各地要打破"一亩三分地"的思维定式，达成一致行动目标，以求大利而不计小节。破解区域发展不平衡不充分问题是一个新的时代命题。

（1）创新动能逐渐释放，协同创新布局有序推进

实施创新驱动发展是有序疏解非首都功能、推动京津冀高质量发展的战略选择和根本动力。从创新领域的协同来看，京津冀三地已达成多个协同创新协议，在创新领域的融合度不断提高，具体呈现以下几个特点。

一是京津冀三地协同创新政策频现，促进创新链与产业链精准对接。在区域层面，2014年，京津冀三地签署了《京津冀协同创新发展战略研究和基础研究合作框架协议》。2015年，北京市科学技术委员会制定了《关于建设京津冀协同创新共同体的工作方案（2015～2017年）》。2016年，国务院批复同意《京津冀系统推进全面创新改革试验方案》。2018年，京津冀三地科技部门联合签署《关于共同推进京津冀协同创新共同体建设合作协议（2018～2020年）》，推动区域创新链和产业链互动融合。其中，北京市相继出台了《关于推动创新创业高质量发展打造"双创"升级版的意见》《北京市促进金融科技发展规划（2018～2022年）》《关于促进在京高校科技成果转化实施方案》等多项政策。

二是京津冀三地主要依托三大协同创新机制、三大协同创新平台和四项协同创新工程加快协同创新共同体建设。京津冀三地围绕"三轴"[1]和"4+N"[2]的思路建设北京非首都功能疏解承接平台。三大协同创新机制即政策互动机制、资源共享机制、市场开放机制；三大协同创新平台即创新资源平台、创新攻关平台、创新成果平台；四项协同创新工程即高端产业培育工程、传统产业提升工程、生态安全工程、服务民生工程。目前，在"4+N"重点区域已初步形成以科技创新园区为骨干、以多个创新社区为支撑的协同创新共同体。京津冀三地还探索了以创新券为代表的科技金融协调机制。2014～2017年，为支持2000余家小微企业和百余个创业团队，北

---

[1] "三轴"即京津发展轴、京保石发展轴、京唐秦发展轴。
[2] "4+N"中的"4"是指曹妃甸协同发展示范区、新机场临空经济区、张承生态功能区、天津滨海新区4个战略合作区，"N"是指其他合作区域。

京市开展了2402个创新券项目，累计投入1.4亿元创新券启动资金。2018年8月，京津冀三地联合签署了《京津冀科技创新券合作协议》。根据该协议，京津冀三地确定了首批互认科技服务资源和运营机构，按条件从重点实验室、工程中心等平台机构中遴选区域科技服务资源，形成首批互认开放实验室目录，共涉及753家各类实验室，其中北京427家、天津238家、河北88家。① 京津冀三地创新券互通互认迈出实质性一步。

京津冀三地创新产出的融合度不断提升，中关村成为三地协同创新的重要载体。从专利申请量来看，北京市国内三种专利申请授权数在京津冀范围内占比超过五成，2018年占比为53.6%。2014~2018年，京津冀联合授权专利数合计4278件，其中京津联合授权专利数为1798件，占比为42.0%；京冀联合授权专利数为2013件，占比为47.1%。② 京津冀协同发展以来，中关村在提升自身发展水平的同时辐射带动周边区域发展，成为京津冀科技创新方面的"领跑者"。中关村先后与天津宝坻、滨海新区以及河北保定、正定、张家口、廊坊、沧州等地进行不同程度的对接合作。保定·中关村创新中心、石家庄（正定）中关村集成电路产业基地、天津滨海－中关村科技园、京津中关村科技城、廊坊·中关村软件园人才与产业创新基地等相继成立，"一个主体连三地"的发展模式逐渐成熟。

（2）北京优质公共服务资源辐射扩散，对口扶贫工作积极开展

京津冀协同发展以来，北京优质公共服务资源开始向河北拓展延伸，在一定程度上提升了城市群范围内公共服务均衡化水平。在医疗资源方面，北京市积极推进重点医疗项目合作。北京市与河北省已经启动和实施了北京－曹妃甸、北京－燕达、北京－张家口、北京－承德、北京－保定等多个重点医疗合作项目。截至2018年底，北京市17家医院已与河北省20家医院建立合作关系。33项临床检验结果在京津冀296家医疗机构实现互认。

---

① 《京津冀签订创新券合作协议》，科学技术部网站，2018年8月3日，http://www.most.gov.cn/dfkj/tj/zxdt/201808/t20180802_141015.htm。
② 龙信企业大数据。

第三章 北京构建现代化经济体系的总体情况分析

在教育资源方面,北京师范大学、北京市八一学校等相继在沧州、廊坊、保定等地共成立14个分校。①

京津两地积极开展对河北省的扶贫协作工作。2018年4月,京冀两地签署了《全面深化京冀扶贫协作三年行动框架协议》,提出将拨付26.21亿元作为京冀扶贫协作资金,用于助力河北省受帮扶地区到2020年如期实现脱贫目标。重点应抓好以下七项工作:资金项目聚焦化,建立帮扶地区的资金增长机制;加强人才队伍支撑,将帮扶资金、干部人才和政策措施向深度贫困地区集中倾斜;开展产业扶贫,实施扶贫造血行动,合作共建园区和特色产业基地;组织劳务协作,实施就业扶贫行动;深化结对帮扶,实现北京市14个区与河北省23个区(县)的有效对接;发挥自身优势,进行特色帮扶,实行精准医疗救治、环境改善;完善大扶贫格局,实施社会动员,积极引导各类事业单位和社会组织参与扶贫项目。

(3)产业协同效应显现,产业疏解路径日趋成熟

产业协同政策频出,制度保障不断完善。围绕优化生产力空间布局和空间结构,打造以首都为核心的世界级城市群,京津冀三地相继出台了《京津冀产业转移指南》《关于加强京津冀产业转移承接重点平台建设的意见》《共建北京新机场临空经济合作区协议》等政策。

产业分工格局日趋明朗。京津冀三地产业发展趋势符合各自的功能定位,产业协同程度不断提升。北京市第三产业特别是高端服务业优势显著,天津市工业和部分第三产业具有一定的优势,河北省第一、第二产业优势显著。

产业转型升级趋势明显。产业转型升级是有序疏解北京非首都功能、推动京津冀协同发展的关键支撑。面对人口红利消失和生态环境恶化的现状,以及实现经济发展提质增效和顺应高质量发展的需要,北京市提出"腾笼换鸟"战略和打造高精尖经济体系,天津市强调做优先进制造业和提升服务业占比,河北省积极承接非首都功能疏解,实施重化工业领域去产

---

① 祝合良、叶堂林等:《京津冀发展报告(2019)》,社会科学文献出版社,2019。

能，有效地推动了区域产业的转型升级和提质增效。京津冀三地生产性服务业发展活力充足，科学研究和技术服务业、租赁和商务服务业、批发和零售业、金融业等生产性服务业新设企业注册资本明显高于其他行业。2018年，京津冀三地科学研究和技术服务业新设企业注册资本为1.1万亿元，是各行业平均值的4.8倍；租赁和商务服务业为0.75万亿元，是各行业平均值的3.2倍；金融业为0.51万亿元，是各行业平均值的2.1倍。[①] 京津冀三地高技术产业发展均衡度稳步提升，河北省高技术产业企业和从业人员数不断增加，与京津两地的差距逐渐缩小。

非首都功能疏解取得阶段性成效。控增量、调存量取得显著进展，以一般性产业特别是高能耗产业、区域物流基地和区域性专业市场等部分第三产业、部分教育医疗培训机构、部分行政性或事业性服务机构和企业总部等为疏解对象。截至2018年底，不予办理的工商登记业务累计超过2万件，疏解一般制造业企业2648家。传统产业地位有所下降，北京市第三次和第四次全国经济普查数据显示，2013~2018年，制造业法人单位数明显下降，由3.3万个下降至2.6万个，下降了21.2%。

（4）互联互通稳步推进，开放发展格局逐渐明朗

交通协同治理是京津冀协同发展的保障性举措，有利于加速京津冀城市群内各类要素的流通，是构建"多核多圈层"城市群空间形态的重要支撑。京津冀三地互联互通建设稳步推进，在政策制定、资金保障、路网密度和轨道交通联系度方面取得了显著成效。

交通一体化政策相继出台，陆海空建设全面推进。在京津冀三地交通一体化总体规划方面，2015年11月，交通运输部办公厅印发《京津冀交通一体化发展的标准化任务落实方案》。2015年12月，国家发改委联合交通运输部发布了《京津冀协同发展交通一体化规划》，提出构建"四纵四横一环"网络化格局，打造"轨道上的京津冀"。2017年2月，国务院印发《"十三五"现代综合交通运输体系发展规划》，提出建设以首都为核心的世

---

① 龙信企业大数据。

第三章 北京构建现代化经济体系的总体情况分析

界级城市群交通体系，形成区域交通新格局。在陆路交通建设方面，2016年11月，《京津冀城际铁路网规划修编方案（2015~2030年）》获国家发改委批复。2019年12月，《京津冀核心区铁路枢纽总图规划》获批。在对接雄安方面，将至少有4条高铁线路从雄安站经过，分别为京雄城际、津九联络线、京港台高铁以及石雄城际。2018年1月，北京市交通委、天津市交通委、河北省交通厅审议通过了《京津冀省际通道公路养护工程施工作业沟通管理办法》《京津冀普通公路建设项目计划协调机制》等。北京市牵头制定了《京津冀交通一卡通互联互通实施方案》。截至2018年底，京津冀地区断头路已经全部打通。在港口建设方面，2017年7月，交通运输部办公厅、天津市人民政府办公厅和河北省人民政府办公厅印发《加快推进津冀港口协同发展工作方案（2017~2020年）》。在航空建设方面，2017年11月，国家发改委、民航局印发《推进京津冀民航协同发展实施意见》，提出要打造京津冀世界级航空机场群。2018年5月，民航局印发《北京"一市两场"国际航权资源配置政策》，积极推动大兴机场建设。2019年9月，大兴机场正式投入运营，未来将有效提升京津冀地区的航空运力。

从京津冀范围内各地级市轨道交通联系总量来看，北京、天津、石家庄仍是京津冀地区的关键枢纽，保定、唐山、邯郸成为区域性的关键节点。2020年1月，在交通联系总量[①]排名靠前的城市中，北京的交通联系总量为649.5，石家庄为500.2，天津为459.6，保定为338.7。[②] 在交通联系总量排名相对靠后的城市中，张家口的交通联系总量在京张高铁开通后显著提升，而承德与各地级市的交通联系相对较弱，交通联系总量仅为9.0。京津、京保石、京唐秦的交通联系相对较强，"三轴"发展具有较好的交通互联基础。从京津冀范围内各地级市彼此间的交通联系度来看，排在前10位的有京津、京石、石保、石邯、京保、津唐、石邢、唐秦、津秦、保邯，

[①] 交通联系总量是指京津冀三地各地级市轨道交通班次的加权指数。权重依据各类列车的时速（普通火车，120千米/小时；动车，250千米/小时；高铁，300千米/小时）来确定。

[②] 根据中国铁路12306网站（www.12306.cn）数据整理计算，计算公式参见祝合良、叶堂林等《京津冀发展报告（2019）》，社会科学文献出版社，2019。

验证了北京、天津、石家庄是京津冀地区的关键枢纽,保定、唐山、邯郸是区域性的关键节点这一判断。

公路建设稳步推进,里程逐渐增加,密度持续提升。2013~2018年,京津冀公路总里程逐渐增加,由21.1万公里增加至23.1万公里,年均增长1.8%;京津冀公路密度逐渐提升,由0.98公里/公里^{2}上升至1.07公里/公里^2,年均增长1.8%。[①]

(5) 京津冀区域间发展存在差距,北京区域内城乡发展差距依然较大

京津冀区域间发展仍存在一定差距。京津冀区域间经济发展差距尤以京冀两地较为显著。2013年,京冀两地人均地区生产总值分别为9.3万元和3.9万元,北京是河北的2.4倍;2018年,京冀两地人均地区生产总值分别为14.0万元和4.8万元,北京是河北的2.9倍。[②]可见,京冀两地差距有所扩大。北京区域内城乡发展差距有所缩小,但差距依然较大。2013~2018年,北京市城乡居民人均可支配收入之比、城乡居民人均消费支出之比均有所下降,2018年北京市城乡居民人均可支配收入之比、城乡居民人均消费支出之比分别为2.6、2.1。

(6) 交通协同发展仍面临冀中南、冀北交通联系度不足的问题

保沧、保衡、廊邯、廊邢、秦承、张承已成为京津冀交通协同发展过程中尚未打通的"血栓"。冀中地区与冀南地区的轨道交通联系度相对不足;部分地区之间通勤时间和距离较短,人口和经济引力较强,但轨道交通联系度相对不足;秦皇岛、邢台、承德、衡水、邯郸、张家口与京津冀其他城市的日常人员往来不够紧密。

5. 绿色发展体系

在深入贯彻习近平生态文明思想的基础上,北京市深入实施新版城市总体规划,坚持以提升首都生态环境质量为核心,积极推进首都生态文明建设,努力提升生态环境治理体系和治理能力现代化水平。

[①]《京津冀主要指标数据(2014~2018年)》。
[②]《中国统计年鉴》(2014年、2019年)。

第三章　北京构建现代化经济体系的总体情况分析

（1）资源集约使用效率有所提升，但能耗、水耗下降速度呈波动变化态势

从资源集约使用情况来看，全市能源集约使用效率有所提升，2013~2018年，万元地区生产总值能耗呈逐年降低态势，从0.38吨标准煤下降至0.25吨标准煤；能耗下降速度呈倒V形分布，2013~2015年，万元地区生产总值能耗下降速度加快，从4.9%上升至6.1%，之后逐年降低至2018年的3.8%。①2013~2018年，万元地区生产总值水耗逐年降低，从18.4立方米下降至13.0立方米；水耗下降速度呈W形分布，总体呈上升态势，其中2014年万元地区生产总值水耗下降速度最低，为3.9%，2018年最高，为6.7%。②2013~2018年，再生水利用量从8.0亿立方米增加至10.8亿立方米③，地表水与地下水资源重复量从3.4亿立方米回升至7.7亿立方米。④从资源在生产、生活、生态方面的投入来看，工业用水逐渐让位于生活用水和生态用水，2013~2018年，工业用水量从5.1亿立方米下降至3.3亿立方米，生活用水量从16.3亿立方米上升至18.4亿立方米，生态用水量从5.9亿立方米上升至13.4亿立方米。⑤

（2）环境治理力度加大，污染减排及污染废弃物集中处置成效显著

全市环境治理投资比重不断提升，大气污染源减排效果显著，污水和危险废弃物处理率逐年提升，并维持在较高水平。从环境治理的投资情况来看，环境污染治理投资占地区生产总值比重提升较快，从2013年的0.7%提升至2017年的1.6%。⑥从污染减排成效来看，2013~2018年，废水中的化学需氧减排量逐年提升，从0.8万吨提升至2.6万吨，废水中的氮氧化物减排量从0.1万吨提升至2.3万吨。⑦从污染废弃物集中处理情况来

---

① 北京市统计局。
② 北京市水务局。
③ 《北京统计年鉴》（2014年、2019年）。
④ 北京市统计局。
⑤ 北京市统计局。
⑥ 北京市生态环境局。
⑦ 北京市统计局。

看，2013年危险废弃物处置利用率提升较大，自2014年以来一直保持在较高水平，接近100%。[①] 2013~2018年，工业固体废物处置率保持在较高水平，2013年为96.6%，其他年份均为100%。[②] 2013~2018年，全市日均污水处理能力从393.0万立方米提升至670.6万立方米。[③]

（3）大气和水土环境显著改善，各项污染防控措施日趋完善

在多部门统筹联动、社会大众参与共治的基础上，全市大气环境质量显著提升。具体来看，PM2.5年均浓度值显著降低，由2013年的90微克/米^{3}下降至2019年的42微克/米^3；PM2.5年均浓度值创历史新低，已提前实现"到2020年将PM2.5浓度降至56微克/米^{3}以下"这一既定目标。密云区和怀柔区PM2.5年均浓度值率先达到国家二级标准。截至2019年，二氧化硫年均浓度值为4微克/米^3，稳定达到国家二级标准（60微克/米^3），并连续三年保持在个位数；二氧化氮年均浓度值为37微克/米^3，达到国家二级标准（40微克/米^3）；PM10年均浓度值为68微克/米^3，达到国家二级标准（70微克/米^3）。[④]

主要水系的水环境监测数据整体向好，水库水质较好，湖泊水质次之，河流水质相对较差。2018年共监测五大水系有水河流99条段。其中，Ⅰ~Ⅲ类水质河长占监测总长度的54.5%，比2017年提高了5.9个百分点；Ⅳ~Ⅴ类水质河长占监测总长度的24.5%；劣Ⅴ类水质河长占监测总长度的21.0%，比2017年降低了13.7个百分点。[⑤]

全市土壤生态环境质量总体良好，农用地实施分类管理，建设用地实行风险管控，土壤环境风险得到有效管控。从农药化肥的使用量来看，2013~2018年，化肥使用量逐年减少，从12.8万吨下降至7.3万吨。[⑥] 从具体的土壤污染防控措施来看，通过"净土保卫战"的形式，重点对农用

---

① 北京市城市管理委员会。
② 北京市统计局。
③ 北京市统计局。
④ 《北京市生态环境公报》。
⑤ 北京市生态环境局。
⑥ 北京市农村工作委员会、北京市农业局。

地和建设用地开展土壤污染防治。一是推进土壤详查和农用地分类管理。二是建成基本覆盖各类用地的土壤生态环境监测网络。三是完善关停企业动态筛查机制，实施建设用地土壤污染风险管控和修复名录制度。四是探索"合理规划—管控为主—生态修复"的建设用地安全利用模式。完成149个非正规垃圾堆放点的整治工作，完成治理修复且可以安全利用的污染地块面积233万平方米。[①]

（4）森林覆盖率及城市绿化水平稳步提升，生态涵养区绿色发展模式日趋成熟

全市森林覆盖率及城市绿化覆盖率均有所提升，森林蓄积量和陆域自然保护区面积呈增长趋势。具体来看，森林覆盖率、森林蓄积量和城市绿化覆盖率均有所提升，森林蓄积量从2013年的0.1亿立方米增加到2018年的0.2亿立方米。北京市生态保护的一个重要目标就是到2020年森林覆盖率达到44%。从发展趋势来看，2013~2018年，全市森林覆盖率从35.8%提升至43.8%；城市绿化覆盖率从46.8%提升至48.4%。[②]陆域自然保护区面积有所增加，从2013年的13.4万公顷增加至2018年的13.8万公顷。[③]

生态涵养区积极践行"绿水青山就是金山银山"的发展理念，取得了显著成效。延庆区通过打造"两山小院"、宣传"绿水青山就是金山银山"理念、发展冰雪运动等绿色高精尖产业，形成了"点绿成金"的延庆经验，近30%的农村劳动力实现了生态就业。继延庆区之后，2019年门头沟区、密云区分别荣获第三批"绿水青山就是金山银山"实践创新基地、第三批国家生态文明建设示范市县称号。密云水库稳步提升水源涵养功能，2019年过境候鸟总量比2005年增加了2倍多，万余候鸟成为水库湿地"常客"。门头沟区持续守好"绿水青山"，彻底终结千年采煤史，永定河山峡段40年来首次实现不断流。[④]

---

① 北京市生态环境局。
② 北京市园林绿化局。
③ 北京市生态环境局、北京市规划和国土资源管理委员会。
④ 北京市生态环境局。

(5) 生态文明建设深入推进，体制改革取得实质性进展

北京市正深层次、多领域地推进生态文明建设。从机构设置来看，2019年1月，中共北京市委生态文明建设委员会成立了生态环境保护督察小组、大气污染综合治理及应对气候变化工作小组等7个工作小组，构建了统分结合、分领域推进生态文明建设的组织体系。从具体举措来看，一是聚焦打好污染防治攻坚战、优化国土空间开发格局、推进生态文化建设等九大领域，组织完成了47项年度重点任务，形成政策成果145项，有力地推动了首都绿色发展、高质量发展。二是加快生态文明体制改革，制订实施19个改革方案。三是完善生态环境损害赔偿八项配套制度，建立并实施自然资源资产负债表编制制度，制定实施党政领导干部自然资源资产离任审计五年规划，完善退耕还林政策。四是建立以推动绿色发展为目标的国土空间规划体系，完善主体功能区划战略和制度，设立"北京－伦敦绿色科技创新与投资中心"。五是修订生态环境保护职责分工规定，完成生态环境机构监测监察执法垂直管理制度改革，有序推进生态环境保护综合行政执法改革，推进生态环境治理体系和治理能力现代化。

6. 全面开放体系

现代化经济体系不可能在封闭条件下建成，必须建立与世界经济的良性循环机制，开放是其必然要求。在构建现代化经济体系过程中，打造全面开放的新格局就是要利用外部优质资源实现经济体系的高质量发展。现阶段北京对外开放呈现以下特征。

（1）货物贸易复苏明显

货物贸易进出口总额与逆差均呈现深"V"形走势，与前期高点尚有差距。从货物贸易进出口总额看，2013~2018年，北京市货物贸易进出口总额从4299.4亿美元下降至4124.3亿美元，2016年降至谷底，货物贸易进出口总额为2823.8亿美元，总体呈现"V"形走势。从进出口差额看，2013~2018年，北京市进出口贸易逆差减小，由3037.4亿美元下降至2640.9亿美元。具体来看，北京市进出口贸易逆差由2016年的1783.4亿美元上升至2018年的2640.9亿美元，上升了48.1%，呈现"V"形走势（见图3-23）。北

京市全面推进非首都功能疏解，制造业外迁及"腾笼换鸟"战略的实施都对货物贸易进出口产生了暂时性影响，随着产业转型升级、产业链和价值链迈向高端环节，北京货物贸易复苏明显。

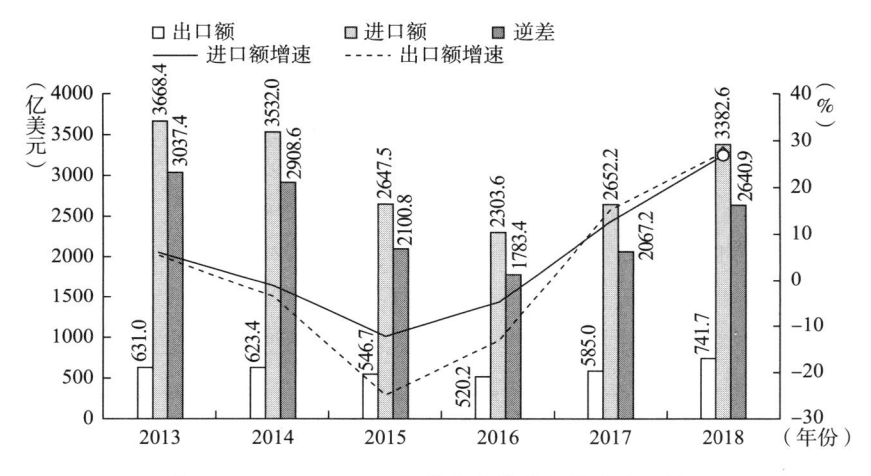

图 3-23 2013~2018 年北京市货物贸易进出口情况

资料来源：《北京统计年鉴》（2014~2019 年）。

货物贸易复苏明显，结构不断优化。从出口贸易结构看，2013~2018年，北京市货物贸易出口额排在前 10 位的货物贸易总额从 320.7 亿美元增加至 420.4 亿美元，占比从 50.8% 上升至 56.7%，货物贸易品类集中度逐渐上升；2018 年成品油占比大幅提升，液晶显示板进入前 10 位，肥料退出前 10 位，在货物贸易出口额排在前 10 位的产品中高技术货物品类数量有所增加，出口贸易结构不断优化（见表 3-4）。这是由于北京市已从"微笑曲线"底部的生产制造环节向两端的研发、专利、营销、品牌环节转变，由产业链低端环节升级为产业链高端环节，产品具有更强大的"硬核技术"。从进口贸易结构看，2013~2018 年，北京市货物贸易进口额排在前 10 位的货物贸易总额从 2232.5 亿美元减少至 2149.5 亿美元，占比从 60.9% 上升至 63.5%；成品油占比始终较高，原油、铁矿砂及其精矿等的占比明显下降。2018 年医药品进入前 10 位，汽车以及医药品等与人民生活息息相关的货物占比快速提高，进口贸易结构趋于优化（见表 3-5）。

表3-4 2013年与2018年北京市货物贸易出口额前10位

单位：亿美元

2013年货物品类	金额	2018年货物品类	金额
电话机	111.0	成品油	269.4
成品油	79.5	电话机	45.3
钢材	31.2	钢材	28.9
船舶	23.3	集成电路	17.2
服装及衣着附件	18.7	汽车零配件	15.2
集成电路	18.2	船舶	13.1
汽车零配件	14.8	服装及衣着附件	11.9
肥料	13.8	汽车	10.2
汽车	10.2	液晶显示板	9.2
合计	320.7		420.4

资料来源：《北京统计年鉴》（2014年、2019年）。

表3-5 2013年与2018年北京市货物贸易进口额前10位

单位：亿美元

2013年货物品类	金额	2018年货物品类	金额
原油	1589.5	原油	1492.6
汽车	227.7	汽车	242.0
铁矿砂及其精矿	104.5	铁矿砂及其精矿	99.0
成品油	76.1	医药品	66.9
液化石油气及其他烃类气	65.7	粮食	62.4
计量检测分析自控仪器及器具	47.5	成品油	56.0
粮食	46.8	计量检测分析自控仪器及器具	54.9
集成电路	40.6	汽车零配件	46.9
汽车零配件	34.1	集成电路	28.8
合计	2232.5		2149.5

资料来源：《北京统计年鉴》（2014年、2019年）。

与"一带一路"沿线国家和地区的货物贸易联系更加紧密，出口方面尤为显著。从北京市货物贸易出口国家和地区来看，2018年，北京市在出口方面与"一带一路"沿线有贸易关系的国家和地区数量为7个（新加坡、越南、俄罗斯、伊朗、印度、印度尼西亚、匈牙利）。2013~2018年，北京市向"一带一路"沿线国家和地区的货物贸易出口额由116.2亿元增加至174.7亿元，占货物贸易出口总额的比重由23.6%上升至29.2%。① 从北京市货物贸易进口国家和地区来看，2018年，北京市在进口方面与"一带一路"沿线有贸易关系的国家和地区数量为4个（沙特阿拉伯、俄罗斯、阿曼、新加坡）。2013~2018年，北京市向"一带一路"沿线国家和地区的货物贸易进口额由580.5亿元减少至496.9亿元，占货物贸易进口总额的比重由14.8%上升至15.8%。

（2）服务贸易结构不断优化

服务贸易快速发展，但逆差有所扩大。从服务贸易进出口总额看，2013~2018年，北京市服务贸易进出口总额从1023.3亿美元增加至1606.2亿美元，年均增长9.4%，服务贸易迅速发展（见图3-24）。其中，2013~2018年，服务贸易出口额由426.9亿美元增加至562.8亿美元，年均增长5.7%；服务贸易进口额由596.4亿美元增加至1043.4亿美元，年均增长11.8%。从进出口差额看，2013年服务贸易逆差为169.5亿美元，2018年服务贸易逆差为480.6亿美元，年均增长23.2%。服务贸易出口结构不断优化，正在由"简单服务"向"智力服务"转变。② 2013~2018年，旅行、运输的出口额由98.7亿美元减少至80.8亿美元，占服务贸易出口总额的比重由23.1%下降至14.4%；而电信、计算机和信息服务，保险服务，金融服务以及知识产权使用费的出口额由95.4亿美元增加至178.8亿美元，占服务贸易出口总额的比重由22.3%上升至31.8%。这说明服务贸易结构由旅行、运输等科技含量相对较低的服务向电信、计算机和信息服务等需要大量知识或技术积累的服务转变，科技含量不断提升。

---

① 《北京统计年鉴》（2014~2019年）。
② 由于2013年与2018年服务贸易的细分项目分类有所不同，为保持数据的可比性，将2013年的通信服务、计算机和信息服务合并为电信、计算机和信息服务，与2018年的电信、计算机和信息服务项目进行比较。

[图表：2013~2018年北京市服务贸易进出口情况]

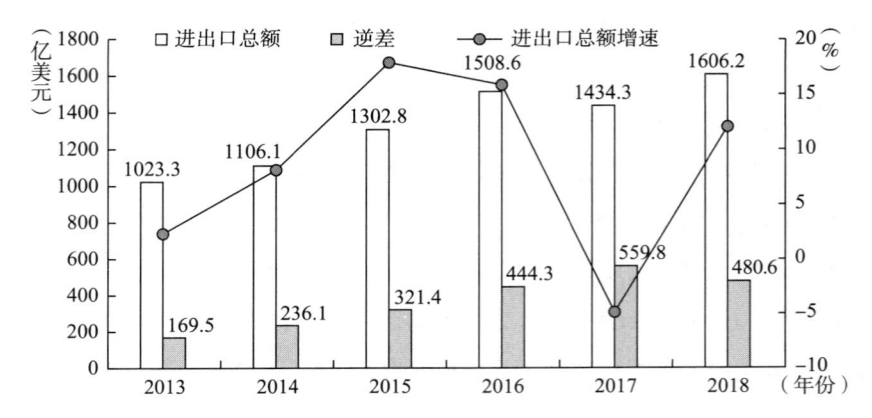

年份	进出口总额（亿美元）	逆差（亿美元）
2013	1023.3	169.5
2014	1106.1	236.1
2015	1302.8	321.4
2016	1508.6	444.3
2017	1434.3	559.8
2018	1606.2	480.6

图 3-24　2013~2018 年北京市服务贸易进出口情况

资料来源：《北京统计年鉴》(2014~2019 年)。

(3) 投资"引进来"成效突出

外商对京投资活跃，但投资来源地过于集中。从实际利用外商投资额来看，2013~2018 年，北京市实际利用外商投资额从 85.2 亿美元增加至 173.1 亿美元，年均增长 15.2%，其中 2017 年达到峰值 243.3 亿美元。从实际利用外商投资额结构来看，2018 年，除其他行业外，信息传输、软件和信息技术服务业实际利用外商投资额占全部行业实际利用外商投资总额的比重最大，为 26.1%；租赁和商务服务业、房地产业占比分别为 15.7%、11.2%；制造业、批发和零售业、住宿和餐饮业等行业占比较小。外商投资结构呈现高端化趋势，2013~2018 年，信息传输、软件和信息技术服务业占比提升最大，由 14.0% 提升至 26.1%；制造业占比下降最大，由 12.5% 下降至 5.9%（见图 3-25、图 3-26）。从投资主体看，2013~2018 年，在实际利用外商投资总额中，资金来源地排在前 3 位的分别为中国香港（629.2 亿美元）、英属维尔京群岛（57.8 亿美元）、开曼群岛（51.2 亿美元）。中国香港是北京市利用外商投资的首要主体，2013~2018 年，北京市实际利用香港投资额由 36 亿美元增加至 125 亿美元，占当年实际利用外商投资总额的比重由 42.2% 上升至 72.2%，投资来源地过于集中。

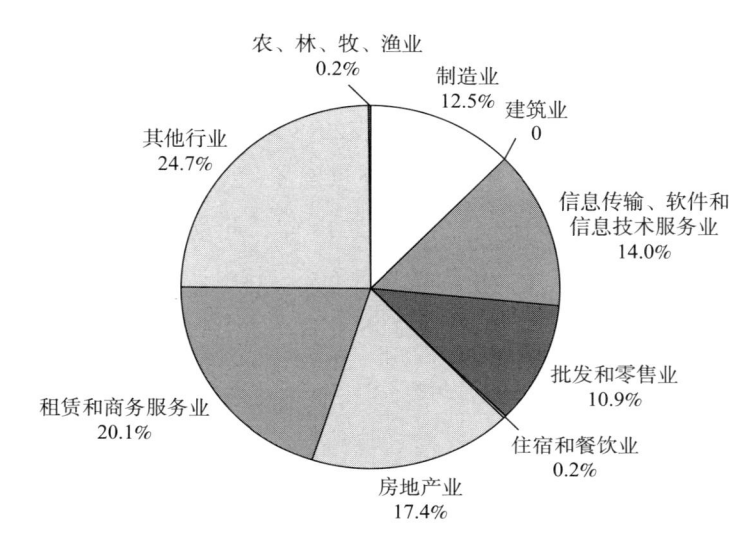

第三章 北京构建现代化经济体系的总体情况分析

图3-25　2013年北京市主要行业实际利用外商投资额占比

资料来源：《北京统计年鉴》（2014年）。

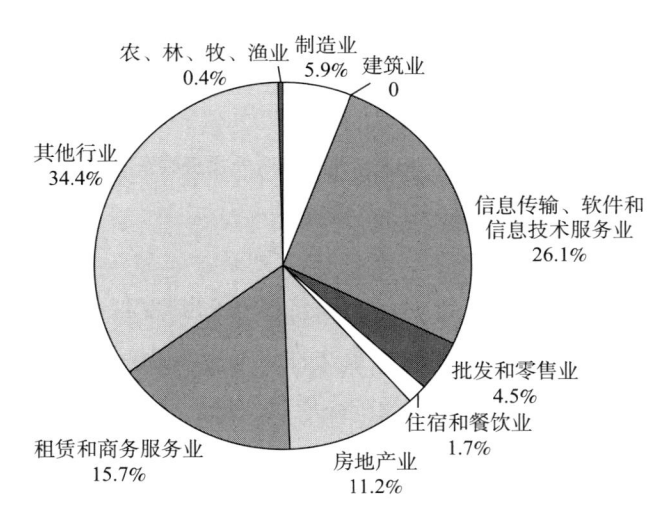

图3-26　2018年北京市主要行业实际利用外商投资额占比

资料来源：《北京统计年鉴》（2019年）。

（4）投资"走出去"效果明显

对外投资增幅明显，但波动较大，对外经济合作大多集中于对外承包工程。从对外投资额看，2013～2018年，北京市对外投资额从41.3亿美元

081

增加至64.7亿美元，年均增长9.4%，但整体趋势呈现倒"V"形。2013~2016年，北京市对外投资额稳步增加，从41.3亿美元增加至155.7亿美元，但是在2017年跌至66.5亿美元，2018年继续下降至64.7亿美元，2018年较2016年高点跌幅达58.4%（见图3-27）。从对外经济合作看，与外部经济联系程度不断提高。2013~2018年，北京市对外合同额从56.4亿美元增加至74.1亿美元，年均增长5.6%。其中，对外承包合同额占比从2013年的99.7%下降至2018年的98.6%，对外经济合作结构趋于优化。

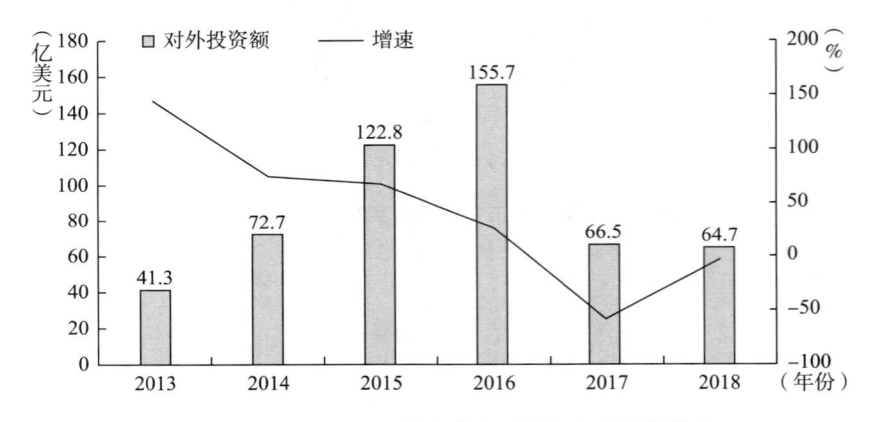

图3-27 2013~2018年北京市对外投资额及其增速

资料来源：《北京统计年鉴》（2014~2019年）。

7. 经济体制

深化经济体制改革已成为现代化经济体系的制度保障。近年来，北京市经济体制建设领域出台了多项政策文件，在夯实市场经济的制度基础以及加快推进国资国企改革、民营经济高质量发展、"放管服"改革等重点领域取得了积极进展，为现代化经济体系提供了制度保障。

（1）市场经济运行机制日趋完善

各类市场主体平等参与市场竞争，市场活力显著增强。北京市积极稳妥推进市场化改革，着力解决市场体系不完善、政府干预过多和监管不到位等问题，大幅度减少政府对资源的直接配置，推动资源配置依据市场规则、市场价格、市场竞争实现效益最大化。2016年，北京市人民政府正式发布实施《关于在市场体系建设中建立公平竞争审查制度的实施意见》，确立了公平竞争审查制度，规范政府有关行为，切实防止出台排除、限制竞争的政策措施，积极营造公平竞争的市场环境。2018年，北京市人民政府发布了《北京市新增产业的禁止和限制目录（2018年版）》。2020年通过的《北京市优化营商环境条例》明确规定，对于国家市场准入负面清单和本市新增产业禁限目录以外的领域，各类市场主体均可依法平等进入，政府采购和招标投标不得限制或排斥潜在供应商、投标人。北京市积极落实市场主体自主权并激发市场活力，营造了各类市场主体依法平等使用生产要素、公开公平公正参与竞争的市场环境。《2018年北京市市场主体发展分析报告》显示，2013~2018年，北京市实有市场主体（含分支机构）由147.8万户增加至215.1万户，增长了45.5%；实有资本总额由23.3万亿元增加至38.4万亿元，增长了64.8%，实有资本总额仅次于广东、浙江，居全国第3位。

政府采购市场体系构建有序推进，政府采购透明度不断提高。北京作为全国三个政府采购意向公开试点省市之一，率先构建了政府采购市场体系。2020年北京市财政局印发的《北京市财政局转发财政部关于开展政府采购意向公开工作的通知》，明确了市级预算单位采购意向公开、区级预算单位采购意向公开、协议采购项目意向公开的相关要求以及各部门的监督考核责任。采购意向在北京市政府采购网的"采购意向公开"专栏公开，方便供应商提前掌握政府采购市场信息，同时保障了各类市场主体平等地参与政府采购活动，不断提升采购绩效，稳定市场预期，强化社会监督。

（2）微观主体活力显著增强

以公有制为主体、多种所有制经济共同发展的格局凸显。以公有制为主体、多种所有制经济共同发展是我国社会主义市场经济体制的基本结构，公有制经济和非公有制经济都是社会主义市场经济的重要组成部分，是我国经济社会发展的重要基础。非公有制经济不断发展壮大。《北京统计年鉴》显示，2013~2018年，北京市规模以上法人单位中的国有和集体经济占比由16.9%下降至11.9%；股份制经济占比由3.9%上升至4.9%；私营经济占比由35.9%上升至36.2%。非公有制经济展现出强大的生机与活力。2017年北京市非公有制经济收入合计（62646.6亿元）是2012年（37827.3亿元）的1.7倍，2017年利润总额（6230.9亿元）是2012年（2879.8亿元）的2.2倍，2017年从业人员平均人数（426.7万人）是2012年（321.7万人）的1.3倍，非公有制经济在支撑增长、扩大就业、增加税收等方面起到了重要作用。

国资国企改革"1+N"制度体系形成，国有企业混合所有制改革积极推进。北京市形成了国资国企改革"1+N"制度体系，以及以《关于全面深化市属国资国企改革的意见》为引领、以若干专项配套文件为支撑的关于深化市属国资国企改革方面的整体设计方案。北京市相继出台《关于市属国有企业发展混合所有制经济的实施意见》《关于市属国有控股混合所有制企业开展员工持股试点的实施办法》，积极探索混合所有制企业实行员工持股，制定了混合所有制企业员工持股的实施办法，将分批开展员工持股试点，有利于建立和完善资本所有者与劳动者的利益共享机制，发展混合所有制经济。2018年，北京市76家企业由全民所有制企业改制为公司制企业，为混合所有制改革的推进奠定了基础。[1] 2018年，北京市市管企业资产总额为5.1万亿元，同比增长12.9%；实现营业收入1.6万亿元，同比增长10.1%；实现利润总额949.4亿元，同比增长7.5%。[2]

民营经济发展环境不断优化，重点领域项目推介形成长效机制。北京市出台了一系列政策措施，使民营经济的发展环境持续优化。针对民营经济的痛点难点问题，"北京支持民营经济20条"落地实施，在服务创新、资金支持、项目支持、体制创新、疫情应对等方面推出多项有针对性的举措。2020年5月，中共北京市委、北京市人民政府出台了《关于进一步提升民营经济活力促进民营经济高质量发展的实施意见》，进一步放开民间投

---

[1]《2018年企业改制名单（1~12月）》，北京市人民政府国有资产监督管理委员会网站，2019年3月5日，http://gzw.beijing.gov.cn/xxfb/gzsj/201905/t20190515_41484.html。

[2]《2018年市国资委监管企业经济运行情况》，北京市人民政府国有资产监督管理委员会网站，2019年3月12日，http://gzw.beijing.gov.cn/xxfb/gzsj/201905/t20190515_41486.html。

第三章 北京构建现代化经济体系的总体情况分析

资领域，清理违规设立的准入许可和隐性门槛，鼓励民营企业参与国有企业混合所有制改革，促进市场公平竞争，保护民营企业及企业家的合法权益，全面落实国家各项惠及民营企业的减税降费政策，有效降低企业成本。北京市现已形成向民间资本推介重点领域项目的长效机制，由北京市发改委牵头建立，于2018年12月、2019年7月、2019年12月分三批向民营企业等广大市场主体公开推介项目182个，总投资超3000亿元。2020年6月，北京市再次公开推介100个重点项目，项目总投资达1143.7亿元，其中计划引入民间资本576.3亿元，占项目总投资的比重为50.4%；82个项目计划通过PPP、合作开发等股权投资方式吸引民间资本参与，占项目总投资的比重为82.8%。[1] 积极引导民营资本投向保民生、补短板、强弱项领域。项目领域首次推出一批新型基础设施项目，涉及5G、工业互联网、人工智能等多个领域，包括高可靠性铁基纳米晶磁芯国产化制造、蓝谷智慧（北京）能源科技有限公司智能制造生产基地、5G数字城市新基建等项目；城市更新领域推出一批老旧小区改造、街区更新项目，包括东城区西草市街区更新及申请式腾退项目、西城区老旧小区停车设施升级改造、大兴区黄村镇狼垡地区集体产业用地1号地等项目。

（3）政府宏观调控能力稳步增强

服务型政府理念深入人心。政府的职责和作用是保持宏观经济稳定、优化公共服务、保障公平竞争、强化市场监管、维护市场秩序、弥补市场失灵。近年来，北京市政府职能加快转变，"简政放权、放管结合、优化服务"不断推进，陆续出台了优化营商环境改革的1.0、2.0、3.0版本，现已开始谋划优化营商环境的4.0版本。市场化机制落地生根，服务型政府理念深入人心。2018年7月，中共北京市委、北京市人民政府印发《北京市进一步优化营商环境行动计划（2018年—2020年）》；2020年3月，《北京市优化营商环境条例》出台。这些政策为北京市营商环境的改善提供了有力

---

[1] 《北京公开推介100个项目 总投资超千亿》，北京市投资促进服务中心网站，2020年6月3日，http://invest.beijing.gov.cn/tzbj/tzxm/ssmtjxyxw/202006/t20200603_1915379.html。

保障。政府调整措施、简化手续，推动更多服务事项一网通办，放宽小微企业、个体工商户登记经营场所限制，便利各类创业者注册经营、及时享受扶持政策，支持大中小企业融通发展，以公正监管维护公平竞争，持续打造市场化、法治化、国际化营商环境，政府的宏观调控能力不断增强。

政府宏观调控效率明显提升。一方面，政府行政审批效率提升。编制北京市级和区级政府部门行使的职权事项清单、责任清单、行政处罚清单，2018年11月，北京市人民政府行政审批制度改革办公室印发《关于精简市级审批服务事项和优化政务服务工作的通知》，通过精简和优化办理方式，将市级审批服务事项由2298项减少至1121项，精简了51.2%；取消88项审批服务事项；整合部门内办理流程和申请材料相近事项，由1176项精简至351项，精简比例达70.2%；简化优化办理方式62项，切实减少了审批环节，提高了审批透明度和审批效率。另一方面，"目录区块链"系统打通数据壁垒。针对部门间共享难、协同散、应用弱等长期桎梏问题，北京市利用区块链将全市53个部门的职责、目录、数据高效协同地联结在一起，打造了"目录区块链"系统，实现了全市大数据的汇聚共享，为营商环境的改善提供了重要支撑。

企业业务办理流程简化。《北京大众创业、万众创新统计监测报告（2019）》显示，企业注册时间缩短，税务部门全面实施"申报即享受"政策，简化申报流程，2018年企业纳税时间从之前的142小时缩短至120小时左右。2020年4月，北京市市场监督管理局、北京市人民政府行政审批制度改革办公室印发《北京市市场主体登记告知承诺制度实施意见（试行）》，全面实施市场主体登记"告知承诺"制度改革，企业只要提供齐全的材料并做出承诺，便可立刻办理。市场主体开办可一日办结，变更、备案和注销等业务实现了即时办结，办事效率大大提升。同时，政府减少了对市场主体自治事项的干预，并强化了信用监管和惩戒，引导企业加强自律。2020年5月，北京市发改委印发《关于进一步优化北京市企业境外投资项目备案管理的通知》，市级权限内境外投资项目备案全程实现"无纸化"，新冠肺炎疫情期间可选择邮寄方式领取材料，实现"全程不见面办理"，未来相关部门还将推广应用电子印章，以减轻企业办理负担。

尽管北京市在经济体制建设和改革方面已经取得了显著成效，但仍存在一些问题和面临一些挑战。一是国有经济布局和所有制结构不够合理。国有经济、集体经济在全市经济中所占比重仍然过高，国有企业的现代企业制度仍有待完善。二是市场体系如何更健全、市场发育如何更充分。市场经济的基础是"市场"，商品市场、服务市场仍需提质增效，生产要素市场的健全、培育、统一开放有待实现，数据要素市场的数据权属界定、开放共享、交易流通等标准和措施有待完善。三是政府和市场的关系需要进一步理顺。市场是资源配置的基础，市场失灵等情形下如何发挥好"有形的手"的作用知易行难，政府宏观经济治理体制有待完善。四是市场激励、主体活力仍有提升空间。应进一步通过市场的力量、体制机制的创新，使创新者得到价值回馈，激发各个层面的企业和经济主体通过市场机制获得回报。非公有制经济进入电力、油气等重点领域的政策有待完善，支持中小企业发展制度的制度、放宽服务业市场准入限制、民营企业融资增信支持体系构建等方面均需要进一步完善。

第四章
北京构建现代化经济体系的区域支撑分析

经济体系是反映经济发展整体质量的系统性概念，而区域则是经济体系的载体。① 在城市减量发展背景下，北京构建现代化经济体系，应着眼于京津冀城市群，科学谋划、整体布局，既要发挥核心引领作用，也要充分利用区域优质资源要素，推动经济高质量发展。高能级产业基础和现代化产业链是现代化经济体系的重要特征②，处于后工业化时代的北京，构建现代化经济体系离不开津冀两地的产业支撑，还可借势京津冀协同发展。京津冀三地立足各自的比较优势和现代产业分工要求，加快推进区域全产业链布局，实现产业深度融合发展，不仅有助于推动京津冀协同发展，而且能够为北京构建现代化经济体系奠定坚实的物质基础。本章基于产业链视角，分析北京构建现代化经济体系的区域支撑情况，重点分析京津冀全产业链布局的发展现状和面临的主要问题，摸清北京现代化经济体系建设在区域支撑特别是产业链支撑方面存在的短板，为进一步"补短板、锻长板"、夯实现代化经济体系的根基做好准备。

一 北京现代化经济体系区域支撑的现状分析

（一）顶层设计日趋完善，对接政策不断探索

一是各项制度机制不断完善。京津冀建立了常务副省（市）长对接机

---

① 蔡之兵：《区域经济视角下的现代化经济体系问题研究》，《经济学家》2018年第11期，第62~68页。
② 李万：《加快提升我国产业基础能力和产业链现代化水平》，《中国党政干部论坛》2020年第1期，第26~30页。

制及主管部门定期会商机制,对口部门保持常态沟通对接。2015年6月,财政部、国家税务总局发布《京津冀协同发展产业转移对接企业税收收入分享办法》。2016年6月,工信部会同北京市、天津市、河北省人民政府共同编制《京津冀产业转移指南》,提出构建"一个中心、五区五带五链、若干特色产业基地"的产业发展格局。2017年12月,京津冀三地共同发布《关于加强京津冀产业转移承接重点平台建设的意见》,进一步明确了"2+4+46"个产业承接平台。2019年6月,京津冀三地签署《产业链引资战略合作框架协议》。

二是科技创新、产业转移协作等多领域对接政策不断探索。京津冀在科技创新、产业转移协作等多领域签署了合作协议,围绕布局国家重大项目、搭建重大创新平台、突破关键核心技术等方面开展部省(市)合作,在资源共享、平台共建、政策互通、联合攻关等方面开展深入合作,推动了科技创新券、国家级高新技术企业互认。北京市实施了全国首个以治理"大城市病"为目标的新增产业禁限目录,完善了《北京市工业污染行业生产工艺调整退出及设备淘汰目录》。

(二)京津冀三地产业优势各异,产业协作积极推进

一是京津冀三地产业优势各异,具备全产业链布局的基础。北京市信息传输、软件和信息技术服务业,科学研究和技术服务业,文化、体育和娱乐业,租赁和商务服务业,金融业等高端服务业优势明显,而批发和零售业、住宿和餐饮业等传统服务业优势有所减弱。天津市工业、批发和零售业、租赁和商务服务业等具有优势,住宿和餐饮业、科学研究和技术服务业等优势逐步显现。河北省农、林、牧、渔业,工业,建筑业,交通运输、仓储和邮政业等具有优势。

二是开展多场产业对接活动,产业协作积极推进。京津冀陆续举办了京承大数据、京津冀国际智能制造、京津冀深电子信息、京津冀康复辅助器具等11场专题产业转移对接活动,先后组织召开了京津冀产业协同发展招商推介会、京津冀工业园区推介会等,推动三地企业和园区加强合作,

实现了分地域、分行业、分主题的精准对接。天津推动科技成果展示交易运营中心线上线下平台建设，搭建上线成果检索、科研众包、交易补助申请、技术经理人培训等9个线上平台，探索建立科技成果转移转化经验模式，初步形成供需对接、人才培训、工作交流、创新赛事4个板块12项常态化活动。北京现代第四工厂项目在沧州投产，北京·沧州渤海新区生物医药产业园吸引100余个生物医药项目落户，成为"产业承接集聚化、园区建设专业化、异地监管协同化"的范例。

（三）协同创新分工格局日趋明朗，联合创新态势良好

一是协同创新分工格局日趋明朗。从研发投入环节来看，北京侧重基础研究和应用研究环节，津冀则侧重试验发展环节。从研发产出环节来看，北京创新成果侧重知识创新和原始创新，津冀则侧重应用环节的创新。

二是联合创新态势良好。2014~2018年，京津冀三地联合专利申请数量均保持在4000件左右，授权量保持在3000件左右。其中，首钢集团、京东方、东旭科技等公司走在京津冀节点联合前列。

三是创新券区域合作机制逐步确立。2018年，京津冀三地共同签署创新券合作协议，标志着三地创新券互通互认的正式开始。协议签署后，京津冀三地形成了共同认可的、能够为社会提供开放共享的科技服务，重点实验室和工程技术中心将作为接收异地创新券的合作"实验室"。

（四）产业间联系日趋紧密，产业链分工态势开始显现

一是产业间联系日趋紧密，重点地区和重点行业发展格局形成。大数据显示，京津冀三地产业间的资金联系日趋紧密，如北京对津冀的投资额由2014年的1058.8亿元增加至2018年的3628.7亿元，年均增长36.1%。其中，唐山、石家庄、保定是京津投资的热点地区；租赁和商务服务业、科学研究和技术服务业、金融业是投资的热点行业。

二是产业链分工态势开始显现。大数据显示，北京在营企业集中分布在科学研究和技术服务业、租赁和商务服务业，处于产业链的研发设计和

应用服务环节；天津在营企业主要分布在批发和零售业、金融业，处于产业链的市场流通和资本运作环节；河北在营企业集中分布在批发和零售业、制造业，处于产业链的制造环节和市场流通环节。另外，大数据还表明，跨行业投资成为京津冀三地企业延伸产业链的重要路径。

二 北京现代化经济体系区域支撑的问题分析

（一）先天不足、后天不良，协作水平有待提升

一是先天不足，即发展阶段及发展定位导致产业协作难度较大。从发展阶段来看，已经进入后工业时代的北京和天津与尚处于工业化中期的河北存在产业"断层"，过大的产业落差导致区域内部分产业关联度较低。从发展定位来看，北京在产业链中定位于高端研发、总部经济、品牌营销，但这些环节主要服务于全国，而对区域关注不足。天津是我国大国重器聚集区，有大火箭、大飞机、大炼油、大无缝，企业主要处于央企和外资企业的制造及组装环节，在产业链上依赖北京的程度总体不高，且外溢效应明显不足。以京津冀三地资本互投金额总量为例，2014年至2019年6月，天津投向河北的资本总额仅为河北投向天津的资本总额的80.22%；天津投向北京的资本总额仅为北京投向天津的资本总额的22.84%。河北走了一条独特的工业化之路，重点发展重化工业（如钢铁、水泥等）、劳动密集型产业和资源密集型产业（如农产品、矿产品等）。由于存在产业"断层"，京津专注于知识、技术密集型产业或传统产业高端环节，与河北的重化工业结构不匹配。

二是后天不良，即市场力量发育不足。在区域产业协同发展进行到一定阶段后，政府应发挥引导性或助推性作用，通过制度化方式促进市场发挥主导作用，如发挥社群和行业协会等中介组织的桥梁与纽带作用，使其在企业融资、人才招聘和产权交易等方面起到重要作用。而京津冀产业链中国企、央企等的比重较大，民营企业和中介组织发展不足，导致整个产

业链缺乏活力和弹性，市场的外溢效应严重不足，很难形成产业配套和产业生态。其中，市场意识、竞争意识和服务意识不足是关键所在，缺乏市场活力已成为制约区域产业链布局的重要因素。以珠三角为例，其布局一个重大产业，很快就能在周边形成配套，并形成千亿元级的产业集群。

三是京津冀三地政府间的协作模式有待创新。京津冀三地在跨界产业园区管理及产业链布局中，政府部门协商时间长、决策成本高，制约了产业落地和产业链的区域内布局。以京津合作示范区为例，作为京津两市合作共建的重要"飞地"园区，其社会管理权责移交、管理机构设立、财税体系设置、人才落户政策以及京津两市合作重点产业等社会管理体制一直不够清晰。反观深汕特别合作区，政府合作体制和合作模式的创新，促使深圳产业在汕尾快速落地，实现了深圳产业链条在汕尾的延伸。

四是产业协作水平有待提升。大数据及问卷调查显示，京津冀三地跨区域设立分支机构的数量占比较低，区域全产业链布局尚有发展空间。截至2019年6月，京津两地企业在河北设立分支机构24341家，仅占河北新增企业总数（1313704家）的1.85%；京冀两地企业在天津设立分支机构14000家，仅占天津新增企业总数（466720家）的3.00%；津冀两地企业在北京设立分支机构6520家，仅占北京新增企业总数（1014113家）的0.64%。问卷调查显示，在京外设立分支机构的企业中，在津冀设立子公司、分公司的比例较低，分别为18.5%、13.5%；在津冀的分支机构总体实力较弱，绝大多数分支机构主营业务收入占公司总体营业收入的比例不足5%。

（二）产业链分工格局尚未形成，协作难度较大

一是京津冀缺乏基于主导产业及其产业链的顶层规划。《京津冀协同发展规划纲要》虽将产业升级转移作为京津冀协同发展需要率先取得突破的重点领域，但未就京津冀产业协同中的重点产业及其空间布局进行顶层设计，导致三地在主导产业选择上具有趋同性，阻碍了产业链的区域空间布局。

第四章 北京构建现代化经济体系的区域支撑分析

二是没有基于主导产业的产业链各环节进行规划，导致产业同质竞争严重。京津冀三地只做产业发展规划，而不做基于产业链各环节的布局与规划，且都将战略性新兴产业和高技术产业作为各自的主导产业，但未能形成基于主导产业的产业链分工，津冀两地之间、河北各地之间在主导产业构成、数量比例与空间分布等方面趋同化程度较高，结构差异较小，导致产业竞争大于产业协作，很难形成基于产业链各环节的协同发展格局。如京津冀三地都需大力发展生物医药产业，但没有明确发展生物医药产业的哪几个环节，没有形成基于研发—制造—销售的产业分工格局，且都愿意做高端研发。

三是能够整合和引领产业链的龙头企业发展不足。龙头企业在产业链整合中发挥着核心引领作用，其布局对打造和完善区域产业链具有重要的意义。如华为对珠三角电子信息产业的产业链整合及产业集群的形成具有重要的引领作用，而京津冀相关的龙头企业数量不足或龙头企业不愿意在区域内布局，使得京津冀产业链很难形成有竞争力的整体，尤其是在非首都功能疏解中缺乏龙头企业作为领头羊，在一定程度上也影响了疏解成效及对承接地的带动作用。目前，龙头企业在京津冀农副产品加工领域基本形成了良好的合作基础，但在其他领域发育明显不足。

（三）产业集群发育不足，缺少完备的制造业支撑

一是产业集群发育不足，产业集中度不高，分散疏解导致对河北产业转型升级带动不强。相较于长三角、珠三角，京津冀产业总体发育不足，产业主要集中在各类园区、开发区和高新区，园区之外产业发展严重不足。而产业园区的发展只是实现了产业在地理空间上的集聚，园区间和企业间缺乏实质性的联系与合作，难以形成产业集群和产业链条。同时，非首都功能疏解的集中承接平台（"2＋4＋46"）总体太多，这还不包括分散疏解部分，加之缺乏总体顶层设计，有限的产业被分散承接，导致产业疏解转移的多而形成协同的少，产业疏解转移更多体现在物理空间上的挪移，尚未形成产业集聚、产业联动和产业协作效应。另外，河北承接转移的产业

大多为钢铁、家具、服装等资源密集型产业和劳动密集型产业，对其产业升级转型的引领作用有限。

二是没有完备的制造业体系加以支撑。相较于长三角、珠三角，京津冀地区缺少完备的制造业体系对产业生态系统加以支撑，导致北京很多创新成果难以在区域内落地。例如，中航智的研发成果最终在深圳落地，小米在武汉布局，其重要原因是京津冀缺少像长三角的苏州和昆山、珠三角的东莞和佛山那样的制造业集聚区，没有完备的制造业体系加以支撑，最终导致科技成果难以高效率、低成本地落地转化，进而制约了区域产业生态系统竞争力与活力的提升。

三是产业发展空间有限，产业链配套能力弱。问卷调查显示，津冀地区的产业发展空间有限，不是其产品的主要销售地区，上下游产业及配套基础薄弱，是北京企业不愿在津冀设立分支机构的重要原因。为了保护京津天然生态屏障和水源地，更好地服务首都和区域发展，2019年上半年，河北规模以上工业停产面达40%以上，在一定程度上影响了北京企业在河北设立分支机构。问卷调查还显示，区域关键零部件配套能力不足抑制了产业链的区域内布局。被访企业认为，关键零部件生产不符合区域环保要求，以及区域内关键零部件行业龙头企业数量少、实力弱是主要原因。对企业主导产品关键零部件在京津冀地区配套情况的调查显示，仅有23.7%的主导产品能实现80%以上的关键零部件在区域内配套，26.1%的主导产品在京津冀地区的关键零部件配套率不足30%，配套率总体较低。

四是中小企业发展不足，导致区域产业链缺乏竞争力。当前，市场竞争已由企业间的竞争转向产业链间的竞争，急需大量的小企业在产业链中发挥黏合与补位的作用。京津冀小企业发展不足，导致产业链运营成本过高。相较于长三角、珠三角，一方面，京津冀的制造业体系发育不足，制约了一些处于利润空间较小、需求量较少的辅助环节的小企业的发育；另一方面，小企业对产业链布局和制造业体系往往发挥着重要的支撑作用，小企业发展不足，不仅导致京津冀制造业体系缺乏竞争力与活力，而且导致北京的众多科技成果难以在区域内落地转化。问卷调查显示，自然资源条件、环保要求以及土地、人才、资金等要素成本导致在津冀地区设立分支机构的运营成本较高。

(四)产业链与创新链融合不足,制约科技成果落地转化

一是创新研发能力与产业梯度的巨大落差制约了创新成果的落地转化。京津冀三地无论是在创新投入还是在创新产出方面都存在巨大差距,创新能力的差异在一定程度上拉大了产业梯度和产业发展间的落差,不仅导致京津冀三地在新产品研发、产品更新换代等方面参差不齐,而且导致产业链条各环节发展不均衡、接续难度大,从而制约了北京科技成果在津冀的落地转化。因此,津冀两地需提升自身的创新实力,提高承接转化北京创新研发成果的能力。

二是承接创新成果转化的专业服务机构与专业人才队伍缺乏。一方面,技术转移项目普遍存在周期长、成功率低的特点,京津冀地区自负盈亏的技术转移服务机构发育不足,制约了创新成果转化和技术落地;另一方面,高校尚未设立技术转移服务专业,仅通过技术转移专员培训培育技术转移服务人员,无论是在数量上还是在质量上都无法满足创新成果落地转化的需要。

三是公共服务水平落差大,导致项目及人才难以在河北落地。区域优质公共服务资源大多集聚在京津两地,河北与京津公共服务水平落差大,在很大程度上制约了人才在京津冀地区的自由流动和合理布局,也制约了产业链在区域内的布局。在中航智调研时发现,企业抱怨高水平的领军人才和高技术人才不愿到河北工作,影响了该企业在河北的布局。

(五)政策体系不完善、不衔接,影响产业链的跨地区布局

一是政策体系不完善。完善产业配套政策体系是推动产业协同和产业链区域内布局的重要保障。京津冀税收分享政策不完善,抑制了地方政府推动产业链跨地区布局的动力。《京津冀协同发展产业转移对接企业税收收入分享办法》对税收分享范围及分享比例的划分较为简单,不足以满足当

前产业升级转移的需要。另外，迁出地与迁入地政府有关税收分享的协商协议面临即将到期的情况，下一步税收分享问题的解决亟须政策上的创新与突破。其他配套政策体系不完善，导致企业不愿在津冀设立分支机构。问卷调查显示，津冀在企业用房、员工住房政策，员工子女教育政策，高端人才和特殊人才引进政策以及产业链其他配套政策等方面缺乏吸引力。

二是政策体系不衔接。具体包括资质标准异地互认困难、跨地区转移的企业在统计口径上衔接困难等。在资质标准异地互认上，企业如果在跨区域产业链布局中采用子公司、新设公司形式，原有缴税记录、业绩证明、专利发明、认证体系等很难获得迁入地的认可，从而影响其在获得融资和政府补贴等方面的优惠政策；若采用分公司形式，则享受不了迁入地的优惠政策等。在跨地区转移的企业统计口径上，企业以分公司形式落地，其经济指标无法按属地纳入统计范围，但能耗、环保等指标则纳入属地统计。在具体产业政策上，京津冀三地产业政策和营商环境存在较大落差。调研中有些企业反映，在招商引资时谈好的占地问题，在后期发现用地指标不够，企业厂房等已经开工建设，大量的前期投入成本打了"水漂"，这种示范作用导致在产业转移过程中企业家往往将企业转移到营商环境较好的区域，如珠三角、长三角。

三是津冀承接地基础配套能力弱，制约了产业链区域布局的成效。疏解和承接是当前协同发展的主要任务，且承接任务比疏解任务更重要、更艰巨、更紧迫。由于承接条件不具备，因而无法顺利实现疏解。当前，津冀承接地现有条件和很多工作都需要改进。在硬件配套方面，基础设施建设不仅需要一定的时间周期，而且离不开大量的资金投入，硬件设施不足制约了非首都功能疏解的顺利落地。在软件配套方面，专业技术人员配备不足、生产性服务业基础薄弱、产业融资渠道不畅制约了区域全产业链布局。

（六）北京产业发展空间不足，对高端人才的吸引力持续减弱

一是产业发展空间不足。一个城市要实现高端、高质量发展需要一定

的制造业尤其是先进制造业加以支撑。北京是首个实施减量发展战略的城市，在人口和建设用地减少的背景下，其产业发展空间十分有限，导致一些与研发创新相匹配的科技成果及其制造难以在北京落地发展，这一方面制约了科技研发的动力与活力，使科技创新与产业发展很难形成相互促进的格局，最终将影响北京打造全国科技创新中心和实现高质量、可持续发展的进程；另一方面导致本应享受的创新红利流向东南沿海地区，对区域产业链布局没有起到积极的引领作用。

二是北京对人才的吸引力持续减弱。高房价使得人才留京成本不断提高，屡创新低的车辆摇号概率及子女入学难问题，使得北京对于创业者和年轻人来说宜居度减弱。以清华大学毕业生留京率为例，清华大学毕业生留京率逐年下降，连续 5 年低于 50%，而去往东部地区其他城市的比例逐年提高，2018 年清华大学本科毕业生仅有 17.3% 选择留京，分别有 25.2%、20.3% 的本科毕业生去往上海、广东就业，这必将长期影响北京的科技研发能力和城市活力。在对中航智的调研中也发现，企业的高端研发需要引进大量的海外留学人员，海外留学人员在国外开车出行是基本条件，而北京车牌号的管制在一定程度上影响了海外留学人员留京创业，也影响了北京高端研发企业可持续竞争力的提升。

三是产业政策与沿海发达地区存在落差，高端项目落地成本高。调研中有关企业反映，长三角和珠三角每年都在高负荷投资科研项目，不仅对人才给予补贴，而且对招引人才的产业园区和专业机构进行资金补助；还有企业反映，其在北京拿不到金融支付牌照，迫使资金结算业务流向京外，如千方科技的结算业务落地重庆。同时，相较于长三角、珠三角的优惠政策，高端项目即使在远郊区落地，其成本仍然很高，加之优秀人才不愿流向远郊区，导致这些项目往往流向东南沿海地区，不仅制约了北京城市的发展潜力，而且导致北京各区域间的发展差距难以在短期内弥合。

第五章
北京构建现代化经济体系的
重点行业分析

产业体系是构建现代化经济体系的重要支撑，而重点行业则是产业体系构建的主要抓手。在构建现代化经济体系的几大维度中，产业体系是构建现代化经济体系的物质基础，打造实体经济高质量发展的现代产业体系是加快构建现代化经济体系的核心要义（刘志彪，2019）。而重点行业作为产业体系的"中观"组成部分，在产业链中起到了承上启下的枢纽作用。因此，支持并引导好重点行业发展，将间接为现代化经济体系的构建奠定良好的基础，对推动我国产业结构调整与经济发展方式转变具有重要的作用。

重点行业的发展是一个不断满足时代需求变化的动态演变过程。主动适应新的发展需求、符合未来发展导向是现代化经济体系构建过程中重点行业发展的一个基本要求。因此，分析重点行业的发展需要回答好两个关键问题：一是目前北京市重点行业发展的整体现状如何？二是北京市重点行业是否符合未来的发展方向，北京市未来应该发展哪些重点行业？

一　北京市重点行业的发展现状

本部分主要从以下两个方面展开研究：一是通过区位熵与行业增加值占地区生产总值比重这两个指标对北京市重点行业进行遴选；二是从地区生产总值及其增速、城镇单位在岗职工平均工资、城镇单位在岗职工年末人数与行业法人单位发展情况等方面对北京市重点行业的发展现状进行具体分析。

（一）北京市重点行业的选取

1. 北京市重点行业的选择标准

本部分主要通过以下两个指标对北京市重点行业进行遴选。

一是区位熵。区位熵又称地方产业专门化率，是衡量某一区域在更大区域中的地位和作用的一个很重要的指标，用以反映某产业在地区的聚集程度。在产业结构研究中，产业区位熵是指特定行业的结构占比与整个区域中该行业的结构占比的比值，运用区位熵指标可以分析区域优势行业的状况。本章使用行业增加值占地区生产总值比重代表行业结构，其计算公式如下：

$$LQ_{ij} = \frac{G_{ij}/G_i}{G_j/G} \quad (5-1)$$

其中，LQ_{ij}表示i地区j行业的区位熵；G_{ij}表示i地区j行业的增加值，G_i表示i地区的地区生产总值，G_j表示全国j行业的增加值，G表示国内生产总值。若区位熵LQ_{ij}大于1，则说明该行业在该地区的发展水平高于全国同行业的平均水平；若区位熵LQ_{ij}小于1，则说明该行业在该地区的发展水平低于全国同行业的平均水平。总体而言，区位熵LQ_{ij}的值越大，表示该行业在该地区的专业化水平越高，且具有较为显著的比较优势。

二是行业增加值占地区生产总值比重。国内有关学者提出使用行业增加值占地区生产总值比重来衡量某行业是否为该地区的支柱性行业，判断标准是行业增加值占地区生产总值比重达到5%及以上（袁邈桐，2015）。其计算公式如下：

$$行业增加值占地区生产总值比重 = \frac{某一行业的增加值}{地区生产总值} \times 100\% \quad (5-2)$$

2. 北京市重点行业的确定

基于统计数据来源的可得性以及数据的可比性和完整性，本章对2018年北京市的农、林、牧、渔业，工业，建筑业以及第三产业的18个行业门类数据进行分析。根据 2014~2018 年的《北京统计年鉴》和《中国统计年鉴》以及北京市第四次全国经济普查数据，通过式（5-1）与式（5-2）计算得出的各行业区位熵、各行业增加值占地区生产总值比重数据变化较为稳定（见表 5-1、表 5-2）。因《中国统计年鉴》中全国 2018 年分行业增加值数据缺失，再加上数据变化较为稳定，故采用 2017 年数据代替 2018 年数据计算区位熵。因《北京统计年鉴》中北京市 2018 年数据未经过第四次全国经济普查数据纠正，故采用第四次全国经济普查数据计算各行业增加值占地区生产总值比重。

表 5-1　2013~2017 年北京市各行业区位熵

行业	2013 年	2014 年	2015 年	2016 年	2017 年
农、林、牧、渔业	0.08	0.08	0.06	0.06	0.05
工业	0.42	0.42	0.41	0.40	0.38
建筑业	0.60	0.60	0.60	0.59	0.60
批发和零售业	1.24	1.16	1.05	0.98	0.96
交通运输、仓储和邮政业	0.73	0.71	0.67	0.66	0.67
住宿和餐饮业	1.14	1.02	1.01	0.92	0.88
信息传输、软件和信息技术服务业	4.14	4.02	3.90	3.77	3.65
金融业	2.22	2.25	2.10	2.15	2.23
房地产业	1.36	1.29	1.27	1.28	1.23
租赁和商务服务业	3.69	3.53	3.23	2.94	2.79
科学研究和技术服务业	3.69	3.73	3.64	3.73	3.83
水利、环境和公共设施管理业	1.28	1.29	1.52	1.55	1.55
居民服务、修理和其他服务业	0.52	0.51	0.42	0.40	0.38
教育	1.32	1.33	1.28	1.30	1.34
卫生和社会工作	1.23	1.21	1.26	1.21	1.21
文化、体育和娱乐业	3.51	3.34	3.21	3.07	2.72
公共管理、社会保障和社会组织	1.13	1.05	1.18	1.15	1.17

资料来源：根据相关年份《北京统计年鉴》《中国统计年鉴》数据计算所得。

第五章　北京构建现代化经济体系的重点行业分析

表 5-2　2013~2018 年北京市各行业增加值占地区生产总值比重

单位：%

行业	2013 年	2014 年	2015 年	2016 年	2017 年	2018 年
农、林、牧、渔业	0.8	0.7	0.6	0.5	0.4	0.4
工业	15.8	15.4	14.0	13.4	13.0	12.5
建筑业	4.1	4.2	4.0	4.0	4.1	4.2
批发和零售业	11.7	11.2	10.1	9.4	9.0	8.5
交通运输、仓储和邮政业	3.2	3.2	3.0	2.9	3.0	3.1
住宿和餐饮业	2.0	1.8	1.8	1.7	1.6	1.6
信息传输、软件和信息技术服务业	9.5	10.0	10.5	11.1	11.7	13.0
金融业	15.4	16.3	17.6	17.7	17.7	18.0
房地产业	8.2	7.6	7.7	8.3	8.1	7.5
租赁和商务服务业	8.3	8.4	8.0	7.7	7.5	7.3
科学研究和技术服务业	6.8	7.1	7.1	7.3	7.6	7.8
水利、环境和公共设施管理业	0.7	0.7	0.9	0.9	0.9	0.9
居民服务、修理和其他服务业	0.7	0.8	0.7	0.7	0.7	0.7
教育	4.2	4.4	4.5	4.7	4.9	4.8
卫生和社会工作	2.3	2.4	2.7	2.8	2.8	2.8
文化、体育和娱乐业	2.3	2.2	2.3	2.3	2.2	2.2
公共管理、社会保障和社会组织	4.1	3.8	4.6	4.7	4.9	4.8

资料来源：根据相关年份《北京统计年鉴》《中国统计年鉴》数据计算所得。

北京市整体上形成了以信息传输、软件和信息技术服务业，金融业，租赁和商务服务业，科学研究和技术服务业为重点的发展格局。在区位熵方面，2017 年北京市信息传输、软件和信息技术服务业（3.65）、金融业（2.23）、房地产业（1.23）、租赁和商务服务业（2.79）、科学研究和技术服务业（3.83）、水利、环境和公共设施管理业（1.55）、教育（1.34）、卫生和社会工作（1.21）、文化、体育和娱乐业（2.72）、公共管理、社会保障和社会组织（1.17）10 个行业的区位熵均大于 1，说明北京市上述行业发展具有比较优势。从变化趋势看，2013~2017 年，科学研究和技术服务业的区位熵较高并总体呈逐年上升趋势，专业化程度较高，对北京市的发展起着重要的作用；信息传输、软件和信息技术服务业具有一定的比较优势；而批发和零售业的区位熵呈下降态势，2016年下降至1以下，专业化水平逐渐降低。

在行业增加值占地区生产总值比重方面，2018年工业（12.5%），批发和零售业（8.5%），信息传输、软件和信息技术服务业（13.0%），金融业（18.0%），房地产业（7.5%），租赁和商务服务业（7.3%），科学研究和技术服务业（7.8%）7个行业的增加值占地区生产总值比重大于5%，是北京市的支柱性行业。从变化趋势看，2014~2018年，金融业增加值占地区生产总值比重是所有行业中最高的，具有一定的领先优势，2018年分别高于工业增加值占地区生产总值比重5.5个百分点，信息传输、软件和信息技术服务业增加值占地区生产总值比重5.0个百分点。

综上所述，综合区位熵和行业增加值占地区生产总值比重的分析结果，信息传输、软件和信息技术服务业，金融业，科学研究和技术服务业，租赁和商务服务业，房地产业在这两个指标上均具有明显优势。2018年，这些行业的增加值总和占地区生产总值比重达53.6%，这些行业不仅具有较高的专业化水平，而且在促进首都经济与社会协调发展、提高人民生活水平等方面发挥了重要的作用，是北京市目前发展的重点行业（见表5-3）。而随着经济发展模式的转变与非首都功能疏解的推进，北京市对批发和零售业等行业的依赖程度逐渐降低，产业高端化趋势明显。

表5-3 2013~2018年北京市重点发展行业

年份	重点发展行业
2013	信息传输、软件和信息技术服务业，金融业，租赁和商务服务业，科学研究和技术服务业，房地产业，批发和零售业
2014	信息传输、软件和信息技术服务业，金融业，租赁和商务服务业，科学研究和技术服务业，房地产业，批发和零售业
2015	信息传输、软件和信息技术服务业，金融业，租赁和商务服务业，科学研究和技术服务业，房地产业，批发和零售业
2016	信息传输、软件和信息技术服务业，金融业，租赁和商务服务业，科学研究和技术服务业，房地产业

续表

年份	重点发展行业
2017	信息传输、软件和信息技术服务业，金融业，租赁和商务服务业，科学研究和技术服务业，房地产业
2018	信息传输、软件和信息技术服务业，金融业，租赁和商务服务业，科学研究和技术服务业，房地产业

资料来源：根据计算结果整理。

（二）北京市重点行业的发展现状分析

1. 信息传输、软件和信息技术服务业

目前，我国正处于新旧动能转换之际，实体经济也处于转型升级的关键期，信息化建设在经济发展中处于非常重要的地位，而信息传输、软件和信息技术服务业作为国家战略性新兴产业，已经成为国民经济的支柱性产业。目前，北京市信息传输、软件和信息技术服务业发展具有以下特点。

一是行业优势地位逐渐凸显，推动北京经济平稳增长。《北京统计年鉴》数据显示，在总量方面，2013～2018年，北京市信息传输、软件和信息技术服务业增加值从2015.8亿元增加至4290.1亿元，增加了2274.3亿元，总量稳步增长，年均增长16.3%，高于全市平均水平（9.4%）6.9个百分点。在结构方面，2013～2018年，北京市信息传输、软件和信息技术服务业增加值占地区生产总值比重从9.5%上升至13.0%，提高了3.5个百分点。随着北京市信息服务领域技术创新的进一步强化以及社会和各行业信息化程度的不断提高，信息传输、软件和信息技术服务业在社会经济发展中的作用和地位不断提升，已成为经济平稳较快增长的重要推动力量。

二是行业薪资整体呈现上升趋势，吸纳就业人数稳步增加。《北京统计年鉴》数据显示，在城镇单位在岗职工平均工资方面，2013～2018年，北京市信息传输、软件和信息技术服务业城镇单位在岗职工平均工资从13.5万元增加至20.7万元（比全市平均水平高5.7万元），年均增长8.9%。近年来，随着互联网行业的快速发展，北京市对该行业的人才需求越来越大，再加上这个行业整体上对就业人员的技术要求较高，具有较高的就业门槛，使得就业人员的工资水平迅速提升。在城镇单位在岗职工年末人数方面，2013~2018年，北京市信息传输、软件和信息技术服务业城镇单位在岗职工年末人数从57.0万人增加至82.1万人，增加了25.1万人，年均增长7.6%，高于全市平均水平（1.8%）5.8个百分点，行业从业人员数量大幅增加，就业规模呈现快速扩大态势。

三是行业整体规模扩大，各项主要指标优势突出。北京市第四次全国经济普查数据显示，在法人单位数量方面，2013~2018年，北京市信息传输、软件和信息技术服务业法人单位数量从4.8万个增加至7.7万个，增加了2.9万个，增长60.4%，高于全市平均水平（56.8%）3.6个百分点。其中，软件和信息技术服务业法人单位数量占比高达87.3%，带动作用突出；电信、广播电视和卫星传输服务法人单位数量占比相对较低（见图5-1）。在法人单位资产负债方面，2018年，北京市信息传输、软件和信息技术服务业负债合计2.2万亿元，资产总计5.6万亿元。其中，电信、广播电视和卫星传输服务，软件和信息技术服务业占行业资产总计的比重均超过四成（见图5-2）。在法人单位收入利润方面，2018年，北京市信息传输、软件和信息技术服务业企业营业利润为2998.0亿元，营业收入为13571.4亿元，占第三产业收入（14.5万亿元）的比重为9.4%。资本利润率为6.0%，企业具有较强的获利能力与较高的供给效率。

2. 金融业

现代金融不仅是整个现代产业体系的组成部分，在现代化经济体系建设中扮演着重要的角色，而且是现代化经济体系的重要支撑。党的十九大报告首次提出建设"现代化经济体系"和"现代金融"。2019年12月24日，蔡奇书记在北京金融工作座谈会上强调，北京市要积极培育发展与首都地位相匹配的现代金融业，努力在金融改革发展方面走在全国前列。目前，北京市金融业发展具有以下特点。

一是发展势头稳健强劲，具有明显的国际竞争优势。《北京统计年鉴》数据显示，在总量方面，2013~2018年，北京市金融业增加值呈上升态势，从3247.5亿元增加至5951.3亿元，年均增长12.9%，高于全市平均水平

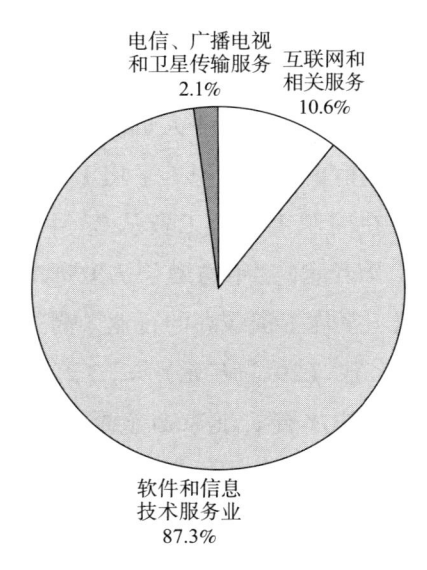

第五章　北京构建现代化经济体系的重点行业分析

图 5－1　2018 年北京市信息传输、软件和信息技术服务业法人单位数量占比
资料来源：北京市第四次全国经济普查。

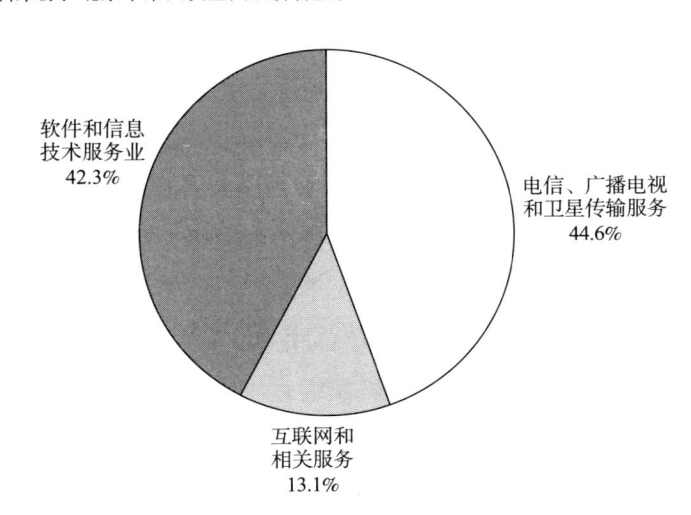

图 5－2　2018 年北京市信息传输、软件和信息技术服务业资产总计占比
资料来源：北京市第四次全国经济普查。

（9.4%）3.5 个百分点，实现了较快增长。在结构方面，2018 年，北京市金融业增加值占地区生产总值比重为 18.0%，与纽约、伦敦、法兰克福、香港

105

等国际金融中心城市金融业占比接近或相当[①]，具有明显的国际竞争优势，高于2013年（15.4%）2.6个百分点，已成为北京市的第一大支柱性行业。

二是平均薪资稳居行业榜首，从业人员队伍结构优化升级。《北京统计年鉴》数据显示，在城镇单位在岗职工平均工资方面，2013~2018年，北京市金融业城镇单位在岗职工平均工资从23.4万元增加至33.0万元（比全市平均水平高18.0万元），年均增长7.1%。2018年，金融业成为北京市城镇单位在岗职工平均工资最高的行业，高于排在第二位的信息传输、软件和信息技术服务业（20.7万元）12.3万元。在城镇单位在岗职工年末人数方面，2013~2018年，北京市金融业城镇单位在岗职工年末人数从32.1万人增加至39.8万人，年均增长4.4%，高于全市平均水平（1.8%）2.6个百分点，与其他重点行业相比增速较慢，这可能是由于人工智能、云计算、大数据等科技在金融业的应用，促使金融业从传统金融向现代金融转变。

三是行业企业数量增长迅猛，总部经济发展格局进一步凸显。近年来，北京市金融业规模不断扩大，实力不断增强。北京市第四次全国经济普查数据显示，在法人单位数量方面，2013~2018年，北京市金融业法人单位数量从3811个增加至12796个，年均增长27.4%。其中，货币市场服务法人单位数量占比为77.9%，位居第一；货币金融服务法人单位数量占比为9.9%，位居第二（见图5-3）。在法人单位资产负债方面，2018年，北京市金融业负债合计117.1万亿元，资产总计148.6万亿元，是北京市资产存量最高的行业。其中，货币金融服务资产总计122.9万亿元，占比为82.7%（见图5-4）。在法人单位收入利润方面，2018年，北京市金融业企业营业利润为1.2万亿元，营业收入为2.5万亿元，占第三产业收入（14.5万亿元）的比重为17.2%。北京市金融业以全市1.3%的法人单位，创造了全市13.6%的营业收入和超过70%的资产，与全国其他省（自治区、

[①] 《王颖：北京金融从业人员53万　金融业资产总值140万亿》，新浪网，2019年5月29日，https://finance.sina.com.cn/money/bank/bank_hydt/2019-05-29/doc-ihvhiews5436906.shtml。

直辖市）相比，北京市金融业法人单位资产、营业收入均位居全国第一。

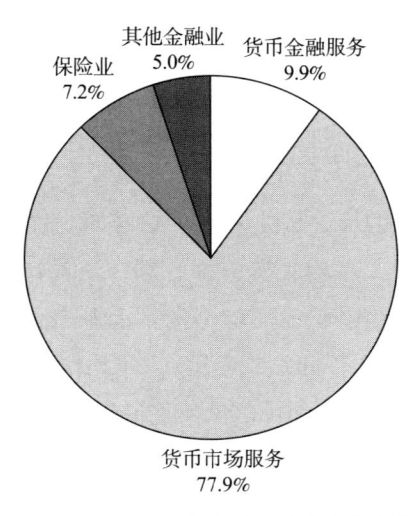

图 5-3　2018 年北京市金融业法人单位数量占比

其他金融业 5.0%
货币金融服务 9.9%
保险业 7.2%
货币市场服务 77.9%

资料来源：北京市第四次全国经济普查。

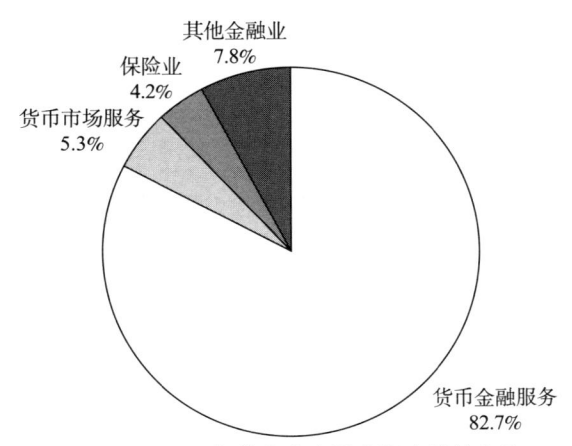

图 5-4　2018 年北京市金融业资产总计占比

其他金融业 7.8%
保险业 4.2%
货币市场服务 5.3%
货币金融服务 82.7%

资料来源：北京市第四次全国经济普查。

3. 科学研究和技术服务业

北京市科学研究和技术服务业快速发展，有力地推动了全国科技创新中心的打造，也为北京市构建高精尖经济体系奠定了坚实基础。目前，北京市科学研究和技术服务业发展具有以下特点。

一是行业实力稳步增强,占比有所上升。《北京统计年鉴》数据显示,在总量方面,2013~2018年,北京市科学研究和技术服务业增加值从1442.0亿元增加至2578.3亿元,年均增长12.3%,高于全市平均水平(9.4%)2.9个百分点。在结构方面,2013~2018年,北京市科学研究和技术服务业增加值占地区生产总值比重从6.8%上升至7.8%,提高了1.0个百分点。

二是行业薪资稳步增长,从业人数平稳增加。《北京统计年鉴》数据显示,在城镇单位在岗职工平均工资方面,2013~2018年,北京市科学研究和技术服务业城镇单位在岗职工平均工资呈上升态势,从11.7万元增加至17.5万元(比全市平均水平高2.5万元),年均增长8.4%。在城镇单位在岗职工年末人数方面,2013~2018年,北京市科学研究和技术服务业城镇单位在岗职工年末人数从54.7万人增加至67.5万人,年均增长4.3%,高于全市平均水平(1.8%)2.5个百分点。

三是经营规模显著扩大,各领域发展势头强劲。随着物联网、大数据、人工智能等前沿科技和新兴领域的不断发展,科学研究和技术服务业各领域均实现较快增长。北京市第四次全国经济普查数据显示,在法人单位数量方面,2013~2018年,北京市科学研究和技术服务业法人单位数量呈上升态势,从7.1万个增加至15.4万个,年均增长16.7%。其中,科技推广和应用服务业实现快速发展,2018年,该行业法人单位数量占比为65.2%,位居第一(见图5-5)。在法人单位资产负债方面,2018年,北京市科学研究和技术服务业负债合计2.2万亿元,资产总计4.4万亿元。其中,专业技术服务业是北京市科学研究和技术服务业中资产总计占比最高的行业,达43.4%,高于科技推广和应用服务业占比(36.3%)7.1个百分点(见图5-6)。在法人单位收入利润方面,2018年,北京市科学研究和技术服务业企业营业利润为291.6亿元,营业收入为8731.0亿元,占第三产业收入(14.5万亿元)的比重为6.0%。资本利润率为1.24%,与其他重点行业相比,企业资本获利能力较低。

4. 租赁和商务服务业

租赁和商务服务业是生产性服务业的一个重要组成部分,主要是为生

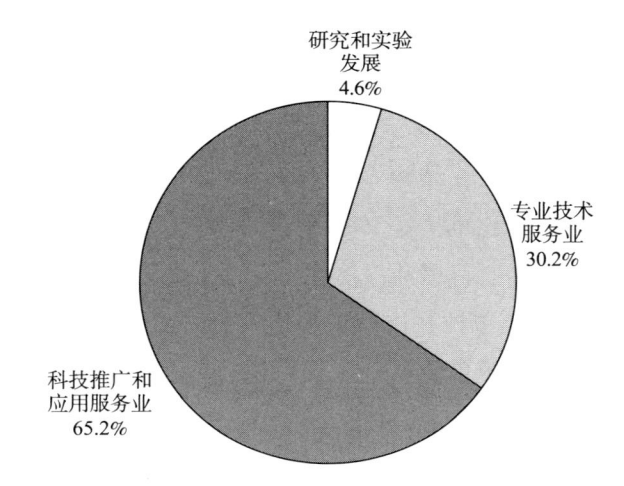

第五章 北京构建现代化经济体系的重点行业分析

图 5-5 2018 年北京市科学研究和技术服务业法人单位数量占比
资料来源：北京市第四次全国经济普查。

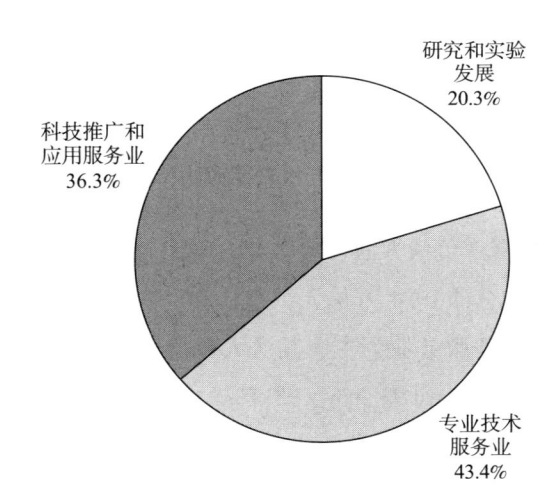

图 5-6 2018 年北京市科学研究和技术服务业资产总计占比
资料来源：北京市第四次全国经济普查。

产、商务活动提供服务。其中，商务服务业的多数行业以提供专业知识服务或专业技能服务为主，属于低耗、高效的绿色产业，在发展开放型、服务型、创新型首都经济中，商务服务业的战略地位日渐凸显。目前，北京市租赁和商务服务业发展具有以下特点。

一是行业增加值呈上升态势，但占比趋于下降。《北京统计年鉴》数据显示，在总量方面，2013~2018年，北京市租赁和商务服务业增加值从1746.9亿元增加至2421.0亿元，年均增长6.7%，低于全市平均水平（9.4%）2.7个百分点。在结构方面，2013~2018年，租赁和商务服务业增加值占地区生产总值比重从8.3%下降至7.3%，下降了1.0个百分点。

二是行业薪资水平有待提升，具备一定的吸纳就业能力。《北京统计年鉴》数据显示，在城镇单位在岗职工平均工资方面，2013~2018年，北京市租赁和商务服务业城镇单位在岗职工平均工资呈上升态势，从9.6万元增加至12.4万元（比全市平均水平低2.6万元），年均增长5.3%。在城镇单位在岗职工年末人数方面，2013~2018年，北京市租赁和商务服务业城镇单位在岗职工年末人数从62.6万人增加至78.7万人，年均增长4.7%，高于全市平均水平（1.8%）2.9个百分点，在所选出的重点行业中仅次于信息传输、软件和信息技术服务业的年均增速（7.6%）。

三是行业赢利能力较强，商务服务业占比较高。北京市第四次全国经济普查数据显示，在法人单位数量方面，2013~2018年，北京市租赁和商务服务业法人单位数量呈上升态势，从13.5万个增加至18.5万个，年均增长6.5%。在法人单位资产负债方面，2018年，北京市租赁和商务服务业负债合计9.3万亿元，资产总计19.4万亿元。租赁和商务服务业包括租赁业和商务服务业，北京市以商务服务业为主，其法人单位数量与资产总计均具有绝对的领先优势，占比分别达到93.5%、98.7%（见图5-7、图5-8）。在法人单位收入利润方面，2018年，北京市租赁和商务服务业企业营业利润为4318.9亿元，营业收入为1.2万亿元，占第三产业收入（14.5万亿元）的比重为8.3%。企业营业收入增长稳定，资本利润率为2.1%。

5. 房地产业

受宏观政策影响，房地产业虽然仍是北京市经济的支柱性行业，但总体发展态势不理想，处于下降通道之中，多个指标低于全市平均水平。2013~2018年，从行业增加值来看，北京市房地产业增加值从1731.5亿元增加至2481.5亿元，年均增长7.5%，低于全市平均水平（9.4%）1.9个百分点；

第五章 北京构建现代化经济体系的重点行业分析

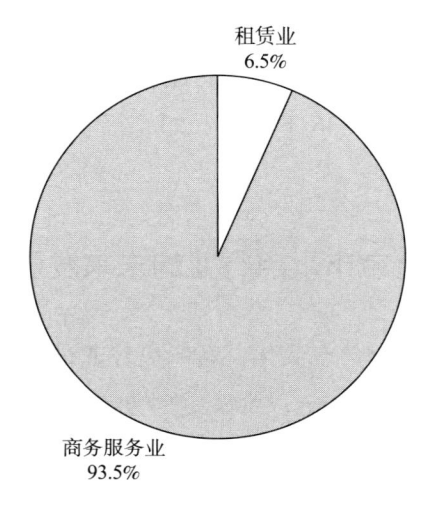

图 5-7 2018 年北京市租赁和商务服务业法人单位数量占比

资料来源：北京市第四次全国经济普查。

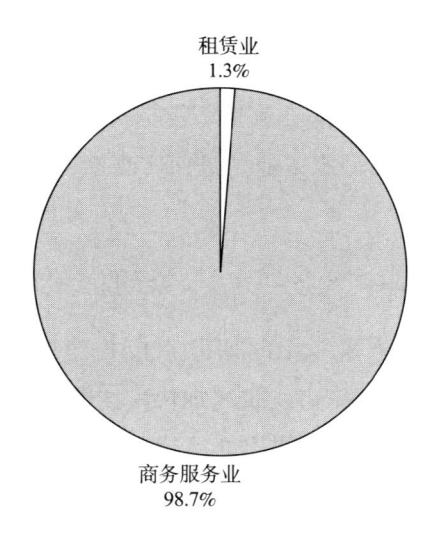

图 5-8 2018 年北京市租赁和商务服务业资产总计占比

资料来源：北京市第四次全国经济普查。

从城镇单位在岗职工平均工资来看，北京市房地产业城镇单位在岗职工平均工资从 7.4 万元增加至 10.4 万元（比全市平均水平低 4.6 万元），年均增长 7.0%；从城镇单位在岗职工年末人数来看，北京市房地产业城镇单位在岗职工年末人数从37.9万人增加至44.3万人，年均增长3.2%，就业规模呈扩大态势；从区位熵和行业增加值占地区生产总值比重两个指标来看，北京市房地产业区位熵从1.36下降至1.23，行业增加值占地区生产总值比重从8.2%下降至7.5%。

二 北京市重点行业的未来发展重点

重点行业发展是一个动态演化、新旧更替的过程。北京市正处于全面落实"四个中心"城市战略定位的关键时期，城市副中心建设和"腾笼换鸟"战略已全面实施，基于"三城一区"建设的全国科技创新中心打造和十大高精尖产业在区域内的布局，都将有力地推动未来一个时期北京市重点产业的发展。本书认为，未来一个时期北京市重点产业的遴选应从以下三个方面来把握：一是要做大做强现有的支柱性产业；二是要发展符合未来科技大方向的战略性新兴产业，尤其要把握以5G为代表的新一代信息技术所带来的产业变革；三是要发展能满足人民美好生活需要的现代服务业，尤其是高端生活型服务业，进而实现新旧产业的动态演化和有序更替。

（一）以十大高精尖产业为引领，推动北京实现高质量发展

十大高精尖产业是未来一个时期北京市构建现代化经济体系的重要"支点"。2017年12月，北京市发布《加快科技创新发展新一代信息技术等十个高精尖产业的指导意见》，提出新一代信息技术产业、集成电路产业、医药健康产业、智能装备产业、节能环保产业、新能源智能汽车产业、新材料产业、人工智能产业、软件和信息服务业、科技服务业[①]将是未来一个时期北京市重点发展的十大产业。

---

① 本书在对相关政策文件及统计数据分析过程中发现高精尖产业的表述与该文件存在差异，故在后续研究中根据实际情况做出相应调整。

第五章 北京构建现代化经济体系的重点行业分析

1. 北京市十大高精尖产业选取原因

一是顺应全球新一轮产业革命发展趋势，符合国家重点鼓励发展的方向。在国际层面，高精尖产业是国际核心竞争力的体现。全球新一轮产业竞争已经演变为产业标准制定、产业链治理权、产业创新技术制度与产业创新人才的竞争。谁能够建立起新兴产业标准，掌控关键资源与核心技术，谁就抢占了发展先机。因此，北京市发展高精尖产业，旨在抢占科技竞争制高点，在全球产业发展的激烈竞争中占据重要地位。在国内层面，发展高精尖产业是我国应对多重危机的必然选择。面对劳动力与土地等资源要素成本不断上升等危机，我国提出"中国制造2025"战略，以不断完善产业体系建设。在这样的背景下，高精尖产业成为重点鼓励发展的方向，只有以高精尖产业为驱动，促进技术进步与创新，才能实现从"中国制造"到"中国创造"的成功转型，从而化解我国发展过程中面临的各种危机。

二是产业发展方式绿色集约智能，助推北京非首都功能疏解。一方面，高精尖产业符合北京市"减重、减负、减量"的发展要求。大而全的产业发展方式一直制约北京朝更高端方向发展，一些低端产业不仅占据了稀缺的空间资源，而且对环境造成了污染。而十大高精尖产业属于智力密集型、资源节约型产业，对人口、土地、水等要素资源的依赖度比较低，生产方式绿色集约，污染排放指标比较低，而产业科技含量、产出效益高，行业企业研发投入大，人均、地均产值高，符合北京市未来的发展导向。另一方面，发展高精尖产业是疏解非首都功能的重要支撑。只有加快发展高精尖产业，实现疏解腾退资源的更新利用，才能打破传统业态发展的路径依赖，巩固和拓展疏解北京非首都功能工作成果，为北京实现可持续发展提供重要支撑，从而推动北京经济发展的质量变革、效率变革与动力变革。

三是有效落实北京城市战略定位，助力推动全国科技创新中心建设发展。全国科技创新中心是北京的城市战略定位，建设具有全球影响力的科技创新中心，更加需要注重以产业为牵引，加强科研创新与产业化互促，培育高精尖产业集群。因此，发展高精尖产业，是北京市坚持创新驱动发展、构建科技创新链条的重要环节，也是科技创新的直接目的之一，既可以推动科技创新与经济建设的深度融合，又可以强化首都核心功能。

2. 北京市十大高精尖产业发展现状

一是切实发挥引领全市经济发展的带动作用，新动能培育取得阶段性成效。一方面，以新一代信息技术产业为引领的战略性新兴产业对经济的带动作用进一步增强。北京市第四次全国经济普查数据显示，2018年，全市规模以上工业总产值为19669.0亿元，比2013年增长13.2%。其中，规模以上工业战略性新兴产业总产值为4971.2亿元，占当年规模以上工业总产值的25.3%。新一代信息技术产业产值占北京市规模以上工业战略性新兴产业总产值的比重最高（38.8%），其次是生物产业（25.7%）与高端装备制造业（15.1%）（见表5-4），以新一代信息技术产业为引领的战略性新兴产业对全市经济发展的带动作用进一步增强，逐渐成为促进首都经济平稳发展的"中流砥柱"。另一方面，高精尖产业发展迅速，新动能培育取得阶段性成效。北京市经济和信息化局相关数据显示，2018年，北京市十大高精尖产业实现营业收入3.3万亿元。其中，新一代信息技术产业、节能环保产业、智能装备产业、医药健康产业、软件和信息服务业5个产业共实现营业收入1.7万亿元，以高精尖产业为代表的高技术新产业快速发展，新动能培育取得了阶段性的成效。[1]

表5-4 2018年北京市规模以上工业战略性新兴产业产值及其占比

亿元，%

产业类别	产值	占比
节能环保产业	347.4	7.0
新一代信息技术产业	1930.0	38.8
生物产业	1278.5	25.7
高端装备制造业	748.9	15.1
新能源产业	171.6	3.4
新材料产业	317.7	6.4

---

[1] 《北京发布高质量发展见成效：2018年十大高精尖产业收入32548亿元》，百家号，2019年3月25日，https://baijiahao.baidu.com/s?id=1628960672002029686&wfr=spider&for=pc。

第五章　北京构建现代化经济体系的重点行业分析

续表

产业类别	产值	占比
新能源汽车产业	137.7	2.8
数字创意产业	39.4	0.8
合计	4971.2	100

资料来源：北京市第四次全国经济普查。

二是关键核心技术领域取得突破性进展，力促产学研融合与科技成果就地转化。重大基础研究与关键核心技术成果可以显著提升北京的科技创新能力，从而推动北京作为全国科技创新中心的地位不断提升。近年来，一批关键核心技术取得新突破，在北京市率先开展了示范应用。例如，2018年，"量子反常霍尔效应的实验发现"获得了国家自然科学奖一等奖，"全自动无人驾驶 CBTC 系统研制项目"打破了国际上该领域的技术垄断与封锁。与此同时，高校在医药健康产业、新一代信息技术产业、新材料产业等重点发展领域不断产生代表性获奖成果，推动高精尖产业加速发展。北京市依托高校、科研院所和企业，逐渐形成了产学研合作发展的态势，将高技术产业的成果和专利实现就地转化。

三是产业布局日益明晰合理，各地区产业优势得到充分发挥。2018年4月，为了更好地贯彻落实发展高精尖产业精神，北京市经济和信息化局在各区对十大高精尖产业进行详细解读，并对各区未来高精尖产业分布进行初步规划。按照"每个高精尖产业最多在3个区布局发展"与"每个区最多布局发展3个高精尖产业"的原则，进一步细化各区十大高精尖产业的布局，使得产业选择更加聚焦，各地区产业优势日益凸显，为构建高精尖产业结构、推动经济高质量发展提供了有力支撑。北京市各区高精尖产业布局情况见图5-9。

四是产业政策更加精准有效，产业发展方向与定位逐渐明晰。近年来，北京市不断强化产业政策引导，结合十大高精尖产业的特点，提出了有针对性的政策措施，从而使得产业政策更加精准有效，产业发展方向得到了进一步明确。除此之外，北京市经济和信息化局、北京市科学技术委员会、北京市财政局、北京市人力资源和社会保障局、中关村科技园区管理委员会等机

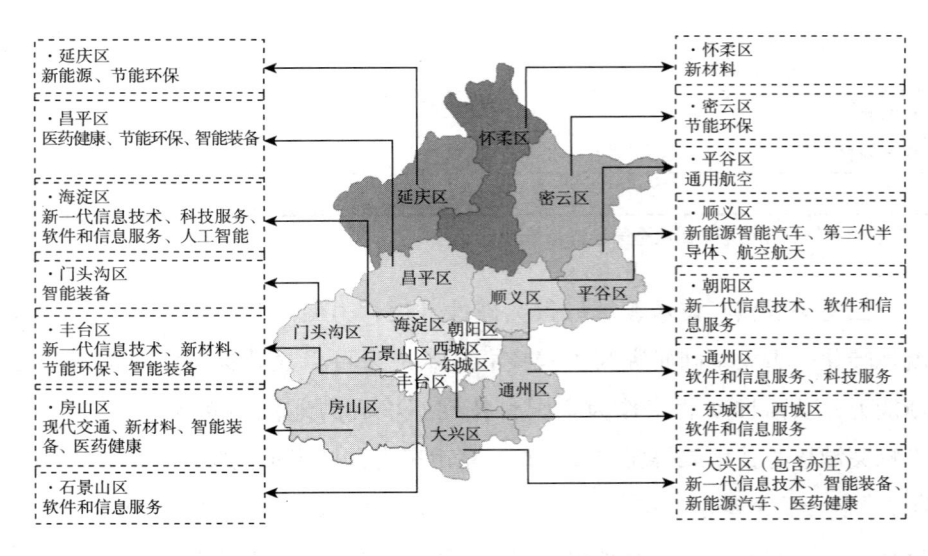

图 5-9 北京市各区高精尖产业布局情况

资料来源：《官方解读北京十大高精尖产业布局重点》，前瞻产业研究院网站，2018年7月19日，https://f.qianzhan.com/chanyeguihua/detail/180719-003cac6c.html。

构还在资金投入、人才培养、知识产权保护等方面对北京市十大高精尖产业发展进行了有针对性的配套支持，形成政策合力，推动科技创新与高精尖产业深度融合，促进高精尖产业发展。北京市部分高精尖产业发展政策见表5-5。

表 5-5　北京市部分高精尖产业发展政策

所属领域	名称	制定机关	发布日期	重点内容
新能源汽车	《北京市智能网联汽车创新发展行动方案（2019年~2022年）》	北京市经济和信息化局	2018年12月	着力培育产业集群，将北京建设成为具有全球竞争力的智能网联汽车产业创新发展领先城市
	《北京市加快科技创新培育新能源智能汽车产业的指导意见》	中共北京市委	2017年12月	增强新能源智能汽车创新能力，着力提升整车集成创新能力，构建新能源智能汽车产业体系，促进新能源智能汽车产业集聚发展
	《关于进一步加强电动汽车充电基础设施建设和管理的实施意见》	北京市人民政府办公厅	2017年8月	加强充电基础设施建设和管理，是落实国家新能源汽车产业发展战略、促进城市低碳发展的客观需要，应将电动汽车充电基础设施建设和管理放在更加重要的位置

第五章　北京构建现代化经济体系的重点行业分析

续表

所属领域	名称	制定机关	发布日期	重点内容
医药制造	《北京市加快医药健康协同创新行动计划(2018~2020年)》	北京市人民政府办公厅	2018年9月	以注重创新为基本原则促进产业向高端发展。支持研发型企业向产研融合型企业发展,构建产学研医协同创新发展体系
	《北京市加快科技创新发展医药健康产业的指导意见》	中共北京市委	2017年12月	实施医药健康领域智能制造工程。提升医药企业生产装备的自动化水平,推动高端诊疗设备和康复辅助器具制造智能化升级
	《北京市"十三五"时期现代产业发展和重点功能区建设规划》	北京市人民政府	2017年1月	推动生物医药产业发展。鼓励创新药、生物药发展,深化北京生物医药产业跨越发展工程
高技术	《北京市加快科技创新发展集成电路产业的指导意见》	中共北京市委、北京市人民政府	2017年12月	以集成电路产业"承载国家战略、布局新兴前沿、支撑转型升级"为主线,实施"核心企业—关键领域—重点产品"突破战略,不断提高集成电路产业发展水平
	《北京市"十三五"时期现代产业发展和重点功能区建设规划》	北京市人民政府	2017年1月	抢占新型显示、集成电路等产业高地,加快类脑计算、未来网络、智能驾驶等研发应用。重点发展集成电路产业,聚焦存储器、中央处理器、移动通信、图像处理、驱动电器等芯片

资料来源:《官方解读北京十大高精尖产业布局重点》,前瞻产业研究院网站,2018年7月19日,https://f.qianzhan.com/chanyeguihua/detail/180719-003cac6c.html。

(二)以现代服务业为引擎,助力振兴北京实体经济发展

现代服务业具有高成长速度、高技术含量、强带动效应等特征,是技术进步和专业化分工的必然结果,也是现代化经济体系的重要组成部分,其发展程度是衡量经济社会发达水平和现代化程度的重要标志。

1. 以现代金融为核心,推进北京现代化经济体系构建

现代金融有助于现代化经济体系的建设。现代金融不仅是整个现代产业体系建设的组成部分,而且是现代化经济体系的重要支撑。陈吉宁市长指出,金融业作为北京市的第一大产业,不仅推动了北京市经济持续平稳

健康发展,而且在推动城市转型发展中发挥了不可替代的作用。①

一是促进科技与金融深度融合,是首都金融业发展最突出的优势。北京是全球金融科技聚集度最高的城市之一。北京市第四次全国经济普查数据显示,2018年,北京市金融科技服务法人单位数量为3502个,资产总计8.8万亿元,凭借1.4%的法人单位,创造了47.3%的资产。近年来,北京市科技金融取得了重要的进展。首先,构建多部门推动的科技金融工作体系。成立北京市科技金融工作小组,定期会商金融形势,推动重点工作。同时,中国人民银行营管部、北京银监局分别组织成立北京市科技金融专业委员会、科技金融服务创新工作领导小组,服务首都科技金融创新中心建设。其次,积极引导创业投资支持实体经济。推进创业投资服务体系建设,依托金融街、中关村自主创新示范区、北京经济技术开发区和北京基金小镇等创新驱动发展的前沿阵地打造创新引领示范区,先后出台《关于促进首都金融产业发展的意见》《关于促进股权投资基金业发展的意见》等一系列政策。最后,持续强化科技信贷创新,服务科创企业取得新成效。引导商业银行在中关村设立专营组织机构,开发适合科创企业特点的科技信贷产品和服务,探索开展差异化监管试点。近年来,银行机构设立了多家金融科技组织机构与特色支行,金融科技组织机构密度稳居全国第一。

二是绿色金融体系不断完善,多项绿色金融政策实施落地。北京作为首都,在全球绿色金融网络中的作用日益凸显。2018年,北京市绿色信贷规模为9786.1亿元,同比增长7.4%,绿色债券数量和规模均居全国前列。② 近年来,北京市积极筹备绿色发展基金,开展环境污染责任保险试点、绿色新材料首批应用保险试点,绿色建筑保险持续推进。此外,政府出台了多项绿色金融政策。例如,2017年,北京市金融工作局等八部门联合出台《关于构建首都绿色金融体系的实施办法》,进一步完善了地方层面的制度保障。2018

---

① 《央行支持北京发展高质量金融业》,新浪网,2019年5月31日,http://finance.sina.com.cn/roll/2019-05-31/doc-ihvhiews5803556.shtml。

② 《北京市副市长:多项绿色金融政策和实践在北京率先落地》,新浪网,2018年11月8日,http://finance.sina.com.cn/roll/2018-11-08/doc-ihmutuea8203405.shtml。

年，北京市人民政府发布《关于全面深化改革、扩大对外开放重要举措的行动计划》，正式提出北京要在城市副中心争取设立国际绿色金融改革创新试验区，从而进一步践行绿色发展理念，加快构建绿色金融体系的步伐。

2. 以文化及相关产业为动力，增强实体经济发展动能

综观全球，美国、德国、英国、丹麦等发达国家的文化及相关产业在其经济体系中具有较强的经济活力，对经济增长起到了较大的拉动作用。如何依托北京丰富的文化资源与开放的人文环境发展文化及相关产业，是发展创新型经济的一个关键点，是符合北京未来行业发展趋势的一个重要方面。

一是创意设计服务业水平不断提升，充分发挥文化创意和设计服务在推动实体经济发展中的独特价值和功能。北京市第四次全国经济普查数据显示，2018年，北京市文化及相关产业法人单位数量为150737个，从业人员期末人数为1212167人，收入合计[①]14456.9亿元。其中，创意设计服务收入合计3756.3亿元，占全市文化及相关产业的比重为26.0%，是文化及相关产业行业门类中占比最高的行业，其法人单位数量与从业人员期末人数也均处于较为领先的地位，占比分别为26.3%、21.8%（见表5-6）。可以看出，文化创意和设计服务对全市经济发展具有突出贡献，企业发展势头较好，对实施创新驱动发展战略、促进经济提质增效发挥了重要作用。

表5-6 北京市文化及相关产业法人单位情况

领域	法人单位数量（个）	从业人员期末人数（人）	收入合计（亿元）
新闻信息服务	4340	199128	3375.0
内容创作生产	26086	256348	2285.9
创意设计服务	39702	264194	3756.3
文化传播渠道	13748	114932	2436.9
文化投资运营	1235	5946	78.2
文化娱乐休闲服务	3368	41781	138.4

---

① 收入合计指标由企业法人单位的营业收入与行政事业单位、非营利组织的本年收入加总而成。

续表

领域	法人单位数量（个）	从业人员期末人数（人）	收入合计（亿元）
文化辅助生产和中介服务	51003	277259	1409.2
文化装备生产	1189	16059	209.5
文化消费终端生产	10066	36520	767.5
合计	150737	1212167	14456.9

资料来源：北京市第四次全国经济普查。

二是新闻信息服务业处于快速发展阶段，行业发展活力凸显。作为首都和全国文化中心，北京汇集了众多高端新闻、报纸、广电、互联网以及国际传媒等新闻信息服务资源。北京市第四次全国经济普查数据显示，新闻信息服务业以占全市不到3%的文化及相关产业法人单位数量创造了23.3%的文化产业收入，劳均产出水平（收入合计/从业人员期末人数）为169.5万元，高出全市平均水平50.2万元。新闻信息服务业在"互联网+"，尤其是移动互联网的强力推动下，创造了十分可观的文化产业收入，成为北京市经济增长的亮点。

三是围绕释放创意创造活力和解放发展生产力需要，实现产业融合发展。近年来，北京市依靠强大的科技创新能力，使得"互联网+"、云计算、物联网、大数据等技术广泛应用，加速了文化创意与其他各行各业的融合发展。2015年5月，北京市出台《关于推进文化创意和设计服务与相关产业融合发展行动计划（2015~2020年）》，围绕释放创意创造活力和解放发展生产力需要，提出十大融合发展行动（文化创意产业提质行动、数字内容产业提速行动、旅游文化内涵开发行动、教育服务业态培育行动、体育产业空间拓展行动、城市文化品位提升行动、文化金融服务创新行动、商务服务业态优化行动、制造业产业链升级行动、现代农业创意增效行动），通过融合发展提升文化创意和设计服务对首都经济增长的先导性、关联度和贡献率。

3. 加快发展商务服务业，提升"北京服务"品质

商务服务业是随着专业化分工不断深化而出现的生产性服务业，主要包括企业管理服务、法律服务、咨询与调查、广告、知识产权服务、人力资源服务等九大类行业，是人力资本密集行业，也是高附加值行业。近年来，商务服务业已成为拉动北京经济发展的重要力量。

一是聚焦创新发展，促进行业智慧化发展。近年来，北京市大力推动商务服务业高质量发展。2019年，北京市出台《支持商务服务业发展项目申报指南》。一方面，重点支持商务服务业创新发展。支持商务服务领域企业利用新兴信息技术实施改造提升，推动技术、模式、业态和管理创新，加强自主品牌建设，引进培养领军人才；鼓励跨行业、跨区域融合创新，形成跨界融合的商务服务创新生态体系。对商务服务业创新项目相关研发、软硬件信息化设施设备购置以及应用创新项目的配套系统改造、管理和运维等相关费用给予支持。另一方面，支持智慧化商务服务平台建设。以智慧主题商务楼宇（产业园区）为载体，为商务服务领域企业搭建数字化、智能化公共服务平台，提升服务功能，示范带动商务服务领域企业集聚发展。对智慧化商务服务平台项目的智能系统研发、软硬件设施设备购置、智能系统管理及运维、配套信息化系统建设升级等相关费用给予支持。

二是品牌化发展步伐进一步加快。为扩大北京市商务服务业的知名度和市场影响力，北京市商务局创办了北京商务服务业发展论坛，组建了北京商务服务业联合会，实施品牌建设工程，加大对知名品牌、龙头企业的宣传力度，使其市场竞争力不断提升。2019年，北京市举办首届商务服务品牌节，鼓励企业为服务业扩大开放试点工作建言献策，争取各项政策措施在商务服务业中先行先试，当好改革开放的排头兵。此外，北京商务服务业联合会还从制度建设和机制创新入手，找准功能定位，在提供业内服务、促进行业自律方面发挥作用的同时，及时收集企业诉求，协助搭建政府和企业间的交流平台，全力为行业发展营造良好环境、提供优质服务。

第六章
构建现代化经济体系的案例分析

一 我国东部城市构建现代化经济体系的经验分析

创新引领、区域协同的产业体系是构建现代化经济体系的基础和核心。上海、深圳、广州、杭州等东部城市大力发展实体经济，通过构建以现代产业为主体的现代化经济体系，实现经济高质量发展。本章对上述四个城市构建现代化经济体系的经验进行梳理，以期为北京构建现代化经济体系提供参考与借鉴。

（一）上海

上海市积极构建以现代服务业为主体、战略性新兴产业为引领、先进制造业为支撑的新型产业体系，全力打响上海服务、上海制造、上海购物、上海文化"四大品牌"，加快构建现代化经济体系。

1. 以现代服务业为主体，打造全方位发展的服务经济

近年来，上海市大力推动服务业实现质量变革、效率变革及动力变革，不断促进服务经济高质量发展。一是引入高端服务机构，推进服务业集聚区建设。通过引入跨国公司地区总部、投资中心等高端服务机构，带动集聚民营企业，形成齐全高端的服务业业态。深化推进外滩－陆家嘴金融区、虹桥商务区、张江科学城、南京西路服务业集聚区等附加值高、影响力大的服务业集群建设。二是组建专业服务业联盟，塑造"专业服务高地"品牌。通过组建上海市专业服务业联盟，推进专业服务多维度跨界融合与一体化品牌打造。实施"全球服务商计划",通过高端服务机构的集聚和政府的优质服务,为区内企业提供具有国际水准的一流服务。三是探索都市生活新服务,拓展新型消费领域。上海市商业联合会成立由生活服务领域知名企业、相关中介机构以及专家学者等组成的都市生活新服务专业委员会,通过发布"三年行动计划",大力推动"单身经济""银发经济""夜间经济"等新兴消费领域发展。

2. 创新培育模式,推动战略性新兴产业发展

《上海市国民经济和社会发展统计公报》数据显示,2019年,上海市战略性新兴产业增加值为6133.2亿元,比上年增长8.5%,已成为上海市新的经济增长点。近年来,上海市采取了一系列措施推动战略性新兴产业发展。一是建立科技企业库,构建科技企业培育链。通过建立高新技术领域、战略性新兴产业领域的科技企业库,集成社会创新服务资源,建立科技企业培育链,不断优化高新技术企业培育载体。二是发放新型科技创新券,提升企业科技成果转化水平。新型科技创新券覆盖技术人才培训、技术战略规划、技术搜索、技术评估和知识产权分析、科技战略研究、竞争情报分析、管理咨询、工程技术咨询八类服务,以促进企业与技术转移服务机构的合作,提升企业技术创新科技成果转化水平。三是加大第三方服务机构在高新技术企业培育中的参与力度。以科技创新券运营为例,上海市科学技术委员会委托国家技术转移东部中心运营并管理科技创新券,每笔兑换无须按计划项目方式走行政流程,政府只做备案,从而提高了这种政策工具的灵活性与便捷性。

3. 以跨国企业为支撑,通过扩大对外开放释放红利

跨国企业研发机构在上海市的科技发展中发挥着重要作用。为更好地发挥跨国公司优势,上海市采取了一系列有效措施。一是构建外商投资促进体系。上海市坚持市场主导、政府引导的发展模式,构建由政府部门、专业机构、商协会、企业组成的"四位一体"投资促进体系,全方位、全流程、全渠道加强投资促进服务。二是建立外商投资促进服务平台。依托"上海市企业服务云",建立全市统一的外商投资促进服务平台,全面展示上海市投资环境、投资政策，通过整合外商投资产业和承载地资源等信息，实现投资项目和落地区域在线配对与定向对接，帮助投资者选址决策，打造"一站式"外商投资促进综合服务平台。

4. 编制产业地图，提升产业园区产出效率

上海市通过编制产业地图，清晰地展示了总体规划与布局，为构建现代产业体系提供了发展方向。一是形成"市级—区级—镇级"职能分工明确的产业全流程推进体系。市级统筹全市产业规划，在产业功能定位、空间结构优化、增量资源配置、产业跨区合作等方面加强政策聚焦；区级强化区域发展资源和招商引资工作统筹，着力发展优势产业，在产业准入、土地供应、存量土地盘活利用等方面做好工作引导；镇级优化招商引资职能并做好安商稳商服务工作，着力做好参与本区域规划编制、土地清腾、企业服务和监管等工作。二是推进低效工业园区整体转型升级。一方面，各郊区结合产业地图的产业功能定位情况和资源利用效率评价结果，选择至少一个低效产业园区，作为区级重点功能区域，制定推进低效工业园区整体转型升级三年行动计划；另一方面，设立"腾笼换鸟"专项资金，适当扩大产业结构调整专项资金的规模并加大补贴力度，支持存量土地二次开发。三是落实"产业基地—产业社区—零星工业用地"三级产业空间布局。区分不同类型的产业空间，突出功能定位和用地结构引导。2018年，上海市产业园区完成规模以上工业产值2.9万亿元，占全市规模以上工业总产值的近82%。产业园区地均产出（工业总产值/已供应工业用地面积）突破75亿元/公里^2，产出效率稳步提升。①

5. 创新服务模式，优化营商环境

良好的营商环境是构建现代化经济体系、提升城市能级的内在需要。为进一步提升营商环境改革工作，上海市以"一网通办"和自由贸易试验区制度创新为突破口，以"证照分离"改革和简政放权为实现路径，聚焦

---

① 《2018年园区发展十件大事》，搜狐网，2019年1月31日，https://www.sohu.com/a/292659316_120083999。

企业办事全流程便利，破解优化营商环境中的体制机制难题，在政府服务能力建设方面取得新突破。一是运行"一网通办"全流程一体化在线服务平台。通过组建上海市大数据中心，开通运行"一网通办"总门户，建立公共数据汇聚、互联、共享机制，做到身份认证、总客服、公共支付平台、物流快递的统一规划，实现公共数据从以部门管理为中心向以用户服务为中心转变，大力推进审批服务事项全程通办、全网通办、全市通办。二是成立"上海营商环境优化提升咨询会"。聘请来自政府体系外的各行各业专家担任咨询会委员，充分发挥行业协会、中介机构、招商部门等方面专业人员的作用，梳理企业集中诉求，努力建设成为政府与企业、行业之间沟通的平台。

（二）深圳

近年来，深圳市致力于打造战略性新兴产业、未来产业、现代服务业和优势传统产业"四路纵队"，形成经济增量以战略性新兴产业为主、工业以先进制造业为主、三次产业以现代服务业为主的产业结构，逐步构建现代化经济体系，成功孕育了华为、中兴、腾讯等一大批高科技企业。

1. 全方位发展战略性新兴产业，提升现代化经济体系能级

为进一步推动战略性新兴产业发展，深圳市形成了"政府—产业—企业"全方位发展的措施。一是设立战略性新兴产业发展专项资金。根据《深圳市战略性新兴产业发展专项资金扶持政策》，深圳市设立战略性新兴产业发展专项资金，采用股权投资、贷款贴息、风险补偿等多元化扶持手段，对实施创新能力建设、产业化、应用示范推广、产业配套服务体系建设等项目的相关单位或组织进行奖励。二是成立战略性新兴产业联盟。以华为、腾讯、创投等龙头企业为主要依托单位，联合产、学、研、资、介等相关单位成立战略性新兴产业联盟。三是鼓励企业建立中试基地和中试生产线。深圳市将支持以市场化方式探索设立100亿元中试创新基金，支持中试基地、中试生产线建设，加快推进创新科研成果转化应用和产业化，根据《深圳市发展和改革委员会战略性新兴产业发展专项资金扶持计划操作规程》，对符合申报条件的中试基地和中试生产线予以最高1000万元的支持。

2. 充分发挥企业创新主体作用，加快创新发展步伐

深圳作为全球知名的创新之都，企业在创新活动中发挥着主体作用。近年来，深圳市从多个方面促进企业创新发展。一是保障企业创新活动的多样性、连续性和前瞻性。一方面，政府在不鼓励同质性竞争的原则上致力于引导企业开展创新竞争，使得每一项或几项资助背后就代表着一个新产品、一道新工艺或一项新技术，几千项资助所反映的多样性极为丰富；另一方面，深圳市有近一半的资助项目指向最具优势的电子信息技术领域，在稳定优势领域的同时，还预先布局生物医药、航空航天等一系列新动能技术领域，为未来深圳市经济转型奠定了坚实基础。二是全流程资助高新技术企业发展。深圳市多部门联合对科创企业进行多阶段资助。科创委资助符合条件的初创企业；初创企业成长到一定规模后，发改委给予支持；企业发展到下一个阶段后，经信委将予以支持。最终，企业再通过风险投资、私募股权投资等方式获得投资、实现上市。

3. 加大资金扶持力度，做大做强民营企业和中小微企业

中小微企业已成为助推经济转型升级、突破技术创新的重要力量。近年来，深圳市采取一系列措施，全力支持民营企业和中小微企业做大做强。一是设立多样化的企业创新发展培育扶持资金。资金范围包含小型微型企业培育项目、企业信息化建设项目、企业国内市场开拓项目、改制上市培育项目、新三板挂牌项目、企业管理咨询项目、银行贷款担保费项目、重组外地上市公司项目等，最高资助达500万元。二是建立中小微企业银行贷款风险补偿资金池。风险补偿对象为加盟银行，银行机构为中小微企业放贷形成的符合规定条件的不良贷款，总体按30%的比例给予风险补偿，提高银行机构对中小微企业不良贷款容忍度，撬动银行机构对中小微企业新增20%以上的贷款额度。三是实施全方位多类型企业及项目落地计划。实施"百强企业稳增长行动"，支持企业符合产业导向的重大项目在深圳市投产落地；开展"优质企业扎根行动计划"，为重点企业、行业龙头企业和上市公司提供必要的总部、研发和高端制造用地。

4. 全产业链视角下引进外商投资,推动高水平开放

融入全球竞争是现代化经济体系的必然要求,为进一步扩大开放,深圳市在积极扩大外资规模的同时,也非常注重提升利用外资的质量。一是针对产业链关键环节精准招商。结合《深圳市产业结构调整优化和产业导向目录(2016年修订)》,确定重点招商领域,编制市、区两级招商引资年度计划。市级层面聚焦重点行业、园区、项目,统筹指导各区产业定位布局;区级层面瞄准目标企业精准发力,引导项目落地。结合深圳市现代产业体系建设要求,加大对全球性跨国公司、世界500强和行业龙头企业的投资促进力度,突出新兴产业招商方向,聚焦战略性新兴产业在新兴产业集聚区等区域落地。二是设立引进外商项目库。《深圳市关于进一步扩大利用外资规模提升利用外资质量的若干措施(修订版)》要求科学设立引进项目库,发挥产学研一体化引进的乘数效应,建立目标引进人才库、企业库、研究机构库、技术库,从全产业链视角组织招商,四库同步、协同工作,推进引资、引智、引技工作有机联动。

(三)广州

近年来,广州市致力于实现高质量发展,形成了以先进制造业、战略性新兴产业、现代服务业、海洋经济、都市现代农业为主导的现代产业体系。

1. 构建"评价—监测—保障"发展体系,推进先进制造业实现高质量发展

广州市是国家先进制造业重要基地,制造业综合实力和配套能力居全国前列。为推进先进制造业高质量发展,广州市构建了"评价—监测—保障"发展体系。一是构建制造业高质量发展综合评价指标体系。该指标体系旨在从综合质量效益、融合五大发展理念、广州市特色指标三个方面对广州市制造业高质量发展进行指导,一方面,摸清制造业的家底,引导制造业发展从注重规模向注重质量和效益转变;另一方面,为政府决策、运行监测、行业监管和企业服务等提供基础信息支撑。二是建设全市统一的制造业高质量发展可视化监测平台。定期发布全市制造业高质量发展指数，建立共享平台，按季度共享指标数据，以提高广州市制造业发展的全国"显示度"。制定实施导向清晰、对象精准的资源差别化配置政策，使资源向质量和效益高的区域、企业倾斜。三是开展先进制造业六大行动。通过发布《广州市先进制造业强市三年行动计划（2019~2021年)》，开展集群强链行动、创新引领行动、智能制造全覆盖行动、融合赋能行动、体系优化行动、开放合作行动"六大行动"。从强化组织协调推进、加大财政金融支持、保障产业土地供应、优化人才发展环境四个方面对推动先进制造业发展予以支持。

2. 促进现代服务业与制造业融合发展，推动制造业朝数字化、定制化、品牌化方向迈进

2018年9月，广州市出台了《关于加快发展高端专业服务业的意见》，致力于提升服务业发展质量。一是充分利用IAB（新一代信息技术、人工智能和生物医药）带动服务业转型。近年来，以移动互联网、云计算、大数据等为代表的新一代信息技术发展日渐成熟。广州市拥有扎实的制造业基础，不断推动企业由生产型制造向服务型制造转变，现代服务业与传统制造业实现深度融合，形成蓬勃发展的新兴服务业态。二是打造"全球定制之都"。2020年1月，《广州市推动规模化个性定制产业发展建设"定制之都"三年行动计划（2020~2022)》出台，以定制家居、汽车、时尚服饰、智能终端、专业服务为重点，在联合国工业发展组织发布的首批"全球定制之都"案例城市中荣膺"全球定制之都"。三是增强企业品牌意识。广州市通过加大品牌宣传力度，支持鼓励高端专业服务企业争创各级品牌，奖励首次获得中国驰名商标、广东省著名商标、广州市著名商标的企业，不断增强企业品牌意识。

3. 优化中小微企业发展环境，夯实现代化经济体系的基础

中小微企业在广州市现代化经济体系构建中扮演了十分重要的角色。为更好地促进企业发展，广州市制定了多项政策。一是建立拟上市挂牌企业数据库，积极有序地发展股权融资。通过发布《广州市拟上市挂牌企业库管理办法》，筛选一批优质企业列入拟上市挂牌企业库，市金融局会同市企业上市发展工作协调小组成员单位、各区企业上市工作部门及境内外证券交易场所，加大入库企业培育力度，加强培训并提供针对性指导，协调解决改制上市过程中遇到的重点难点问题。二是设立中小微企业服务站，为企业提供多元化服务。广州市工业和信息化局认定了100家中小微企业服务站，这些服务站将依托中小微企业集聚的产业园区和行业组织，通过整合引导各级中小微企业公共服务示范平台、各级中小微企业创业创新示范基地以及市、区两级中小微企业服务中心等优质专业服务机构，为中小微企业提供信息、技术、人才、融资等多元化服务。

（四）杭州

杭州市着力构建以数字经济为核心、以新经济为引领的现代化经济体系，加快建设具有全球影响力的"互联网＋"创新创业中心，打造制造强国与网络强国融合发展的杭州样板，在电子商务、金融财税、工业控制、安防监控等领域走在全国前列。

1. 优化产业平台空间布局和功能定位，提升产业层次和发展能级

产业平台是杭州市构建现代化经济体系的重要支撑。为了更好地发展产业平台，杭州市构建了包括"产业基地、产业园区、特色小镇和产业社区"在内的产业平台空间布局体系。其中，产业基地类平台瞄准价值链高端，聚焦发展数字经济、高端装备制造、生物医药、新能源汽车与智能网联汽车等战略性新兴产业，成为支撑全市战略性新兴产业和先进制造业发展的关键性平台；产业园区类平台以"高端化、智能化、绿色化、服务化"为方向，做强化纤新材料、汽车零部件等一批传统优势产业集群，成为全市产业转型升级的主阵地和优势产业发展的重要增长点；特色小镇和产业社区类平台以特色产业、潜力主导产业和未来产业培育发展为重点，力争打造成为潜力主导产业、未来产业培育发展、中小微企业发展、特色产业发展的集聚地。

2. 为民营企业提供精准服务，营造优质的营商环境

民营企业是构建现代化经济体系的重要力量。为了推进民营企业高质量发展，营造国际一流的营商环境，杭州市先后发布了多项政策措施。一是建立服务专员制度和"政府事务代表"制度。服务专员通过寄送公开信、定期电话联系、开展实地走访等方式，与企业保持联系；实行"政府事务代表"制度，对重点企业抽调优秀干部驻点服务，并在100家企业进行试点，及时反馈企业需求，帮助企业解决难题，当好企业服务专员和政企合作纽带，提供高效优质的政府服务。二是深化"亩均论英雄"改革。杭州市先后制定相关政策，实现了评价指标、评价对象、取数办法和工作进程"四个统一"，并对企业进行综合评价，分出等级，通过电价、水价、排污费以及用地、用能、信贷等资源要素差别化配置的具体政策措施，以"正向激励"和"反向倒逼"的方式引导企业高质量发展。三是实施人才引进与培育行动计划。杭州市开展了多层级的人才引进与培育行动计划。如全球引才"521"计划，旨在引进高素质人才；"杭州工匠"行动计划，旨在培养高技能人才。

3. 支持企业开放发展，打造全面开放新格局

开放型经济成为推动杭州市实现新发展的重要动力，也是杭州市构建现代化经济体系的重要突破。近年来，杭州市通过多项政策措施推动企业开放发展。一是促进跨境电子商务综合试验区与电子世界贸易平台杭州实验区有机融合。利用大数据技术对结构及非结构化数据进行采集、存储与分析挖掘，建立全球跨境贸易电子商务大数据平台；发布《关于加大民营企业参与"一带一路"建设金融扶持力度的建议》，支持金融服务企业"走出去"，完善跨境支付结算体系。二是构建进出口服务链。包括海外会展在内，构建以"一路接单、一站供货、一键品控、一网融资、一线维权"为内容的进出口服务链，为中国外贸企业开拓海外市场提供了重要的落地平台。三是启动投资合作企业服务年行动。如杭州市商务局启动"服务丝路杭商，建设开放杭州"——"一带一路"投资合作企业服务年活动，在政策引领、领导服务、平台搭建、项目推进、联盟服务、信息支持、宣传调

研、信息服务八个方面服务和培育企业，加大了境外合作园区的培育力度。

（五）小结

推动制造业转型升级，全面发展战略性新兴产业。一是编制产业地图，构建产业全流程推进体系。北京可效仿上海，编制产业地图，明确园区定位与布局，积极推进低效工业园区整体转型升级，优化产业空间布局；构建产业全流程推进体系，确定各级政府职能部门在产业全流程推进中的职能分工，推动全产业链布局和发展。二是通过现代服务业与制造业的融合发展，推动制造业由生产型制造向服务型制造转变。北京可借鉴广州利用IAB带动制造业转型升级的经验，发挥中关村科技园等高科技园区在移动互联网、云计算、大数据等领域的技术优势，推动制造业朝数字化、定制化和品牌化方向发展。三是构建"评价—监测—保障"发展体系，推动先进制造业实现高质量发展。北京可借鉴广州经验，构建制造业高质量发展综合评价指标体系，并定期发布全市制造业高质量发展指数，为政府决策、运行监测、行业监管和企业服务等提供基础信息支撑。政府可据此制定实施导向清晰、对象精准的资源差别化配置政策，使资源向质量和效益好的区域、企业倾斜。四是创新培育模式，推动战略性新兴产业发展。北京可借鉴上海经验，成立科技企业库，不断优化高新技术企业培育载体，建立科技企业培育链；成立战略性新兴产业联盟，发挥第三方机构在高新技术企业培育中的重要作用。同时，可通过设立战略性新兴产业发展专项资金、发放新型科技创新券等方式，为战略性新兴产业发展提供资金支持。五是支持企业加大创新力度，充分发挥创新主体作用。北京可借鉴深圳经验，从制度、资金等方面支持企业加大创新力度，引导企业实现创新活动的多样性、连续性和前瞻性；设立中试创新基金，支持企业建设中试基地、中试生产线，加快推进创新科研成果转化应用和产业化。

探索服务业新业态，全方位打造现代服务业。一是引进高端服务机构，推动服务业集聚区发展。北京可借鉴上海经验，通过大力引进跨国公司地区总部、投资中心等高端服务机构，带动集聚民营企业，形成齐全的高端服务业新业态。同时，通过组建专业服务业联盟等中介服务机构，推进专业服务业多维度跨界融合和一体化品牌打造，打造"专业服务高地"。二是拓展新型消费领域，探索服务业新业态。可成立都市生活新服务专业委员会等机构，探索新型消费领域与服务领域，满足居民消费升级与消费多样化的需求。

优化营商环境，释放中小微企业发展活力。一是加强企业服务平台建设，为企业提供精准服务。北京应继续完善"一网通办"全流程一体化在线服务平台，建立服务专员制度和"政府事务代表"制度，并设立中小微企业服务站，为中小微企业提供多元化与针对性的服务。二是强化第三方服务机构在优化营商环境中的重要作用。借鉴上海经验，成立"营商环境优化提升咨询会"，聘请各行业专家担任咨询会委员，充分发挥行业协会、中介机构、招商部门等方面专业人员的作用，为优化营商环境建言献策。三是加大对中小微企业的资金扶持力度。北京可借鉴广州经验，建立拟上市挂牌企业数据库，设立多样化的企业创新发展培育扶持资金，建立中小微企业银行贷款风险补偿资金池，并通过多部门联合，实现对重点中小微企业的持续资助，助力中小微企业做大做强。

大力引进外商投资，通过扩大对外开放释放红利。一是针对产业链关键环节实现精准招商。北京可借鉴上海与深圳引进外资的模式，构建外商投资促进体系，建立外商投资促进平台，设立引进外商项目库，针对产业链关键环节实现精准招商。二是构建进出口一体化服务链。北京应充分把握"一带一路"发展的契机，构建进出口一体化服务链，为中国外贸企业开拓海外市场提供重要落地平台；开展投资合作企业服务年行动，服务和培育企业"走出去"；建立境外经贸纠纷和突发事件应急处置工作组和工作机制，提升企业抗风险能力。

二 重点区域构建现代化经济体系的经验分析

北京经济技术开发区、上海张江高科技园区作为国家级经济技术开发区，已经成为区域内发展高新技术、现代化产业的核心基地，对当地的现代化经济发展发挥着极为重要的作用。深圳前海深港现代服务业合作区重点发展高端服务业与总部经济，并作为深化深港合作以及推进国际合作的核心功能区，其发展前景也极为可观。本部分通过对上述三大开发区的产业转型升级、园区发展环境优化以及资源配置经验进行梳理和总结，以期为北京构建现代化经济体系提供参考与借鉴。

（一）北京经济技术开发区

北京经济技术开发区作为北京市唯一的国家级开发区，始终承担着北京市改革开放的窗口、经济建设的前沿阵地等角色，对促进经济体制改革、改善投资环境、引导产业集聚、发展开放型经济发挥着重要的作用。

1. 推动产业转型升级，带动园区经济高质量发展

一是推动新旧产业有序演替，彰显开发区的创新性和引领性优势。北京经济技术开发区通过降低新兴产业的入驻成本等方式，推动新兴产业替换传统产业，实现园区内产业转型升级。2017年北汽新能源入驻后，对标奔驰、宝马等国际领先车企，规划建立了包括整车中心、电池工程中心、电驱动工程中心、智能网联工程中心、轻量化中心、造型工程中心、大数据中心、验证中心及联合开发中心在内的九大中心，极大地提升了北京市新能源汽车研发、验证与生产能力，推动了北京经济技术开发区创新水平的提升。二是推动龙头企业转型升级，带动园区智能升级。在互联网阅读逐渐兴起的大背景下，作为传统印刷行业的北人集团从数字印机、智能制造、科技与文化融合三个方向进行转型升级。利用现有资源，疏解传统制造业务，以发展智能机器人为主线，推动亦创智能机器人创新园建设。该园区集研发设计、系统集成、试验检测、展示交易等于一体，打造产业一条龙服务模式，推动产业向智能型生产不断升级。三是创新土地利用模式，为高技术产业发展提供要素支持。创新土地出让模式，采取缩短出让年限、代建厂房及实行直接租赁试点三种方式供地。通过政府引导，加快盘活区内停产、半停产企业占用的土地。开发区为高精尖"白菜心"产业提供政策支持，使能源、资金、人才等生产要素尽可能向创新主体倾斜。

2. 高效利用开发区资源，实现产业间协同发展

一是大力引进高精尖项目，推动开发区项目质量提升。北京亦庄国际投资发展有限公司（以下简称亦庄国投）协同国家集成电路产业基金等机构，共同支持多项高精尖项目投资落地；开发区通过整合区域资金、土地、政策、人才等资源，为企业提供精准落地支持，吸引优质企业入驻。二是引导园区资源发挥杠杆作用，实现高精尖产业集聚。通过中早期投资、用杠杆撬动更多资本、支持企业并购等实现高精尖产业集聚。在母基金体系打造上，亦庄国投专注于集成电路、生物医药、装备制造、高端服务等高精尖产业，通过母基金和引导基金聚集优质项目和资源，吸引社会资本，促进优质项目在开发区内落地。三是支持普惠金融发展，助力中小微企业做大做强。亦庄国投成立小微事业部，积极开发"银担通""政保贷"等金融服务品种，有效提升了中小微企业的融资效率。亦庄国投打造了一条涵盖股权投资、融资担保、融资租赁、小额贷款等的业务链，构建了服务产业转型升级和科技创新的金融服务体系，重点聚焦区域内中小微企业融资难、融资贵等问题，为优质企业和项目提供融资担保。

（二）上海张江高科技园区

上海张江高科技园区不仅是我国新的经济增长点，而且是我国高新技术产业发展的先行区和现代化城市的示范区。上海张江高科技园区采取多项有效措施促进科技创新资源集聚和新兴产业集群发展，逐步形成了集聚上海知识经济、辐射周边地区的科技创新战略高地，构建了以市场化、国际化为主要特色的"张江模式"。

1. 推动政策与管理模式创新，营造更具国际竞争力的发展环境

一是保证资产灵活管理，实现科技园区长足发展。从2010年开始，园区内基本以高端写字楼、高科技研发办公及总部物业为主，物业采取"只租不售"的措施，旨在将资产控制在张江集团手中以保持其灵活性，从而保证了园区的长远发展和转型升级。二是制度创新助力科技创新，充分发挥"双自"区叠加优势。2014 年，上海张江高科技园区启动"双自联动"战略，其中"双自"是指"中国（上海）自由贸易试验区"与"张江国家自主创新示范区"。联动发展为创新政策叠加、体制机制共用、服务体系共建提供了机遇，实现了"1＋1＞2"。张江片区发挥了自由贸易试验区和国家自主创新示范区的叠加优势，以制度创新促科技创新，形成了具有国际竞争力的创新发展环境。

2. 明确园区的主导产业，彰显产业集聚优势

一是推动主导产业转型升级，促进新兴产业集群形成。重点发展新一代信息技术、高端装备制造、生物医药、节能环保、新材料五大主导产业，打造具备国际竞争力的新兴产业集群，提出从"引进经济"转向"创新经济"，重点推进创新创业。随着网易、百度等互联网公司的先后入驻，实现了新兴产业在园区内的进一步集聚。二是大力发展文化创意产业，培育新的经济增长点。近年来，园区大力发展文化创意产业，吸引了大批企业入驻，以盛大网络、第九城市、河马动画等知名游戏、动漫为代表的创意产业在园区集聚。文化创意产业已成为园区的主要经济增长点，集科技、文化于一体的数字出版、网络游戏等融合性产业逐步壮大。

3. 加大引资引智力度，促进优质资源集聚

一是建立国际合作交流平台，促进区内优质资源集聚与共享。一方面，通过吸引跨国公司、国际知名实验室在园区设立分部，鼓励和引导外商进行创业投资，加大引智力度，促进知识、技术、产业与国际金融资本有效融合。另一方面，建立国际合作研究中心，积极开展国际人才交流，吸引国外优秀科研人才集聚，支持园区企业与跨国公司进行战略合作、人才交流及资源共享。二是注重企业孵化和人才培养，推动园区产业智力升级。重视对知识产权、管理和信息咨询、人才服务等各类专业服务机构的培育与孵化，吸引相关专业人才和企业机构入驻。三是吸引高等院校进驻园区，实现智力资源集聚。园区内建成了张江大学城，集聚了复旦大学张江校区、西安交通大学上海研究院、北京大学上海微电子研究院、上海中医药大学等 11 所高等院校和多个科研院所；鼓励高等院校、科研院所向社会开放实

验室，推动科技创新资源在园区内共建共享；建设了专业技术服务平台和科技创新服务点，构建了"一站式"园区创业与技术创新服务体系，带动了产业能级提升。

4. 促进产业功能与城市功能融合发展，打造新型产业社区

一是完善园区的城市功能。园区在产业转型升级过程中重视城市设施配套和周边环境的改善，促进产业功能和城市功能融合发展，加强基础配套与生活配套设施建设，对张江地铁站周边商业配套进行了重新规划。二是打造创意生活空间，改善宜居园区环境。张江国创中心打造了集办公、休闲、娱乐于一体的创意空间与生活空间，为创业者提供了更多创业及交友机会，营造了宜居生活环境，构筑了良好的生态系统，打造了新型产业社区，逐步完成从"园区"到"城区"的总体转型。

（三）深圳前海深港现代服务业合作区

紧抓粤港澳大湾区建设的重大机遇，深圳前海深港现代服务业合作区（以下简称前海合作区）已建设成为国内发展速度快、效益好、质量高的现代化新城，正着力打造高水平的对外开放门户枢纽和"核心引擎"。

1. 深化深港经验交流合作，构建开放合作的发展体系

一是积极进行体制机制创新实验，深港合作发展现代服务业。前海合作区是深圳市政府多年来谋划的转型发展突破口和新增长极。2012年7月，《国务院关于支持深圳前海深港现代服务业合作区开发开放有关政策的批复》正式发布，明确支持前海合作区实行比经济特区更加特殊的金融改革创新和税收体制改革的先行先试举措，创新体制机制，不断加大现代服务业开放力度，重点发展金融、现代物流、信息服务、科技及专业服务等现代服务业。二是借鉴香港的发展经验，打造城市开发区新模式。作为建设中的国际化城市新中心，前海合作区在城市建设中大胆创新，积极引进香港等地的先进管理经验，形成独有的"前海模式"。以嘉里建设前海项目为例，该项目采用建筑师总负责制，聘请海外及香港建筑师，统筹所有设计团队，从策划阶段至竣工验收阶段跟进项目的开发建设全过程。三是推进

第六章　构建现代化经济体系的案例分析

前海合作区居住就业新政策，深化区域间人才交流合作。前海合作区牢牢把握服务国家战略的定位，聚焦深港澳人才合作，打造港澳居民内地发展平台，提出多项有关港澳居民在前海合作区就业、居住的新政策，如港澳居民在前海合作区免办就业证、可缴纳住房公积金等，降低港澳专业人士执业门槛，开展高端人才"一卡通"服务。

2. 凝聚创新技术和智力资源，提高创新研发效率

一是成立改革创新技术联盟，形成前海品牌和模式。前海合作区通过成立改革创新技术联盟，建立了政府与高新技术企业之间的沟通合作机制，重点打造前海合作区科创产业的技术、交流、展示平台以及有效的联盟机制，做大做强前海合作区科技产业，加强改革创新领域的交流与合作，推动形成了科技创新共享的前海品牌和模式。二是发挥龙头企业的引领作用，推动创新成果落地。华为作为新一代移动通信的领军企业，在5G核心技术上已处于全球领跑地位，在"联接＋云＋智能"的基础上，实现了多个智慧场景应用并在多个城市落地；携手多个行业龙头企业，引领物联网技术创新与商业应用，实现引领型发展。三是引进创新团队并成立创新研究院，为合作区注入发展动力。前海合作区积极引进具有国际水准的创新创业团队和项目，支持创新研发活动的开展，努力在科技前沿领域实现突破；成立深圳市前海创新研究院，以创新研究领域为重点，举办一流峰会论坛，开展特色学术活动，力争打造成为具有特色、世界顶尖的智库。

3. 绿色低碳理念贯穿景观设施建设始终，提高产业可持续发展能力

一是将环保设计理念融入施工建设中，实现建筑利用的节能高效。前海控股从设计阶段开始，将建筑方案与建筑设计融合，充分运用适宜、高效的绿色建筑技术，打造了绿色特征明确、全生命周期环保节能和舒适高效的绿色建筑。以前海自贸大厦项目为例，项目本身的设计标准就是国家三星级绿色建筑，在施工过程中采用"水土流失和沉积控制技术"，降低了建筑建设过程中对水和空气质量的负面影响。二是弹性设计保障城市水循环，优化开发区自然生态景观。前海合作区注重"海绵城市"建设的理念，采取多项节能措施，道路采用环保、可再生的材料，通过设置下凹式绿化带、透水人行道、自行车道铺装结构，降低了道路范围径流系数。

（四）小结

聚集优质要素，激发要素活力，提高要素使用效率。建立国际合作交流平台，促进国内外优质要素在本区域内集聚与共享；积极吸引跨国公司研发总部、国际知名实验室等在区域内布局，开展国际人才交流，吸引国外优秀科研人才在区域内集聚，提升区域研发能力；建立国际合作研究中心，支持园区企业与跨国公司建立战略合作关系，鼓励高等院校和科研院所向创新型企业开放实验室，实现优质资源共享；提升地方发展品质，积极吸引国内创新型人才，推动人才在区域内集聚和区域间合作交流；大力发展普惠金融，助力中小型科技企业做大做强；创新土地利用方式，提高土地利用效率，保证产业结构调整的灵活性。

发挥龙头企业的整合引领作用，打造新型产业社区，提高产业集聚程度。积极发挥区域内龙头企业整合资源和提升产业链竞争力的重要作用，打造具有国际竞争力和全球影响力的产业链条，支撑区域现代化经济体系的构建；按照产业链招商的要求，积极引进产业链上的重点项目和重点企业，促进产业链各环节联动发展，提高产业集群的整体竞争力；更好地实现职住平衡，避免大城市病，打造集办公、休闲、娱乐于一体的生产空间、生活空间和生态空间有机融合的新型产业社区，提高区域的宜居宜业程度；设立产业引导基金，在全球范围内吸引和集聚优质的产业项目和产业资源。

第七章
构建现代化经济体系的国际经验

纽约、伦敦、巴黎与东京作为世界级城市，综合实力强，科技创新实力突出。这些城市在快速推进城市化、工业化发展的过程中，通过创新驱动、产业多元化发展、构建和谐宜居城市、推进经济体制改革与培养高素质创新人才等一系列政策措施，不断加强现代化经济体系建设，实现了经济发展模式和产业结构从传统向现代的转变。本章对上述四个世界级城市构建现代化经济体系的实践经验进行梳理和总结，以期为北京构建现代化经济体系提供参考与借鉴。

一 纽约构建现代化经济体系的实践经验

（一）以创新驱动为引领，着力提升城市自我创新能力

创新是引领发展的第一动力，也是构建现代化经济体系的战略支撑。纽约科技实力雄厚，注重新产品开发及新业态培育，是世界一流的创新型城市。在创新型人才供给方面，纽约建立了适应经济发展需求的人才教育体制，通过结合政府及民间基金推出的高科技人才输送管道项目，为用人单位提供了大量的创新型人才，也为当地对人力资本要求较高的生产性服务业提供了优质人力资源。在基础设施与信息化平台建设方面，纽约政府积极打造价格实惠、覆盖广泛的高速网络，同时注重高新产业园区的建设和高科技产品的研发；与 IBM 合作建立"数字纽约"创新创业平台，为公众提供科技企业活动的即时信息。在创新企业培育方面，作为科技创新创

业重要载体的众创空间为纽约培育了一大批中小型科技型初创企业，成为纽约全球科创中心建设的重要助推器；采取"政府先引导、企业后跟进"的策略，吸引了一大批社会资本，以公私合营的方式共建众创空间；促进众创空间与城市功能空间融合共享，优先考虑将众创空间嵌入街区、社区、商业区等城市功能空间中，推动城市空间再利用。

（二）以现代服务业为核心，形成多元支撑的现代产业格局

经济发展不应只依靠几个单一的传统支柱性产业，而是要形成产业多元化的发展方式。一方面，制订"五区经济机会计划"，实施产业多元化举措。为避免过度依赖金融业所带来的巨大风险，实现产业多元化发展，政府制订了"五区经济机会计划"，采用公私合作的方式进行投资，大力发展生命科学、时尚、金融服务、媒体和科技、旅游五大产业，并以生物技术和应用科学产业为重点推动纽约经济发展，从而保证产业链日益完善并不断创新。另一方面，以智慧城市建设为依托，提高城市运营的智慧化程度。2015年，《纽约市区域经济发展报告》将纽约市定位为"全球智慧城市产业枢纽"。智慧城市建设有利于帮助城市更加智能地将技术和数据分析应用于其管理、基础设施建设与服务中。

（三）以高新技术产业为基础，加快产业结构优化进程

高新技术产业以及知识密集型产业是纽约构建现代化经济体系的坚实基础。纽约的产业结构一直遵循由劳动力密集型向知识、技术密集型转变的产业变革路径。在此过程中，纽约政府发挥着十分重要的作用。一是合理制定税收优惠政策。为更好地发展高新技术产业，纽约政府制订了"房地产税减征5年计划""免除商业房租税计划""曼哈顿优惠能源计划"等，大力扶持高新技术产业在本地的发展。二是大力推动多方组织互利合作。通过实施"数字化的纽约，线路通向全世界"的产业发展战略，推动非营利服务型组织、房地产商与技术服务商三方相互合作，共同建设高新技术区，实现产业能级的提升。此外，纽约政府以提供支持资金的形式，号召

全球各个大学共同建设应用科技园,实现传统资源密集型与劳动密集型产业向高新技术产业成功转型。三是通过立法和政府规划促进高新技术产业崛起。为确保纽约在信息技术、航空航天等技术密集型产业中处于领先地位,纽约政府制订了"制造业振兴计划",将发展重点放在新一代信息技术和高科技研发上。

(四)以开放合作为导向,全面推进纽约国际交往中心建设

现代化经济体系应该是一个全面开放的、具有国际竞争力的经济体系。纽约作为世界国际交往中心,在发展过程中积累了许多有价值的经验。一是推动总部经济快速发展。政府通过出台多项面向科技创新企业的融资激励计划,多途径解决高技术类中小企业融资难题,孵化出一大批世界知名企业和上市公司,并吸引谷歌、脸书等高科技巨头到纽约设立研发总部,进一步巩固了纽约科技产业总部经济的地位。二是打造具有跨国运作能力的国际金融中心。纽约金融中心在注重国内发展的同时,不断提升跨国经营能力。一方面,通过建立向海外开放的投融资市场、连接海外的政策交易渠道与外汇交易中心,建立了完善的跨国金融市场;另一方面,大力构建完备高效的机构间跨国清算结算系统,为金融市场的跨国运作提供了必不可少的基础设施。三是推动"电影城市"建设以带动旅游业蓬勃发展。城市软实力是衡量一个城市国际化水平的标尺,而旅游业是当前城市软实力建设的一个重点领域,也是促进对外交往的重要载体。纽约凭借其电影产业的发展优势,构建了一个成熟的电影产业链和一套相关服务管理系统,在将电影与其城市品牌紧密联系起来的同时,刺激当地相关文娱及旅游产业多向联动发展,充分发挥旅游在国际交往中的综合性作用。

二 伦敦构建现代化经济体系的实践经验

(一)以供给侧结构性改革为主线,推动经济成功转型升级

供给侧结构性改革是构建现代化经济体系的重要内容。面对二战后低

迷的经济形势与严重的财政危机，撒切尔内阁启动金融改革，将经济政策从需求侧刺激转向供给侧结构性改革。首先，减少经济干预，鼓励市场自由经济，将市场机制引入公共服务领域，向私人部门提供道路清洁、道路养护等承包服务，并鼓励私人部门开办学校、医院和养老院。其次，对内放松管制，宣扬企业家精神与个人创造力，鼓励开放与竞争的发展政策，恢复伦敦在全球的国际竞争力。最后，大规模减税并简化税收程序，由市场来调配资源，推动公共品市场化，鼓励私有企业与国有企业开展公平竞争。以上政策最终使伦敦成功转型，社会生产力水平逐步提高，新兴产业和现代服务业开始崛起。

（二）推动创意产业高质量发展，助力现代化经济体系建设

现如今，创意产业已成为现代化经济体系中最活跃、最具发展前景的产业之一。伦敦作为世界公认的"创意之都"，政府采取了一系列政策措施，促进当地创意产业蓬勃发展。一是政府下设创意产业特别工作组引导创意产业蓬勃发展。特别工作组一方面可为政府提供创意产业研究报告，研究伦敦创意产业的区域发展，提供有关创意产业出口与就业的统计数据；另一方面可为中小企业创意产业融资提供能够给予资金支持的投资机构的联系方式。二是政府积极开展创意产业国际交流活动。通过加强创意产业集聚化建设，打造文化品牌，提升国际影响力。在文化创意产业园区内，同类型或处在产业链上下游的创意企业都实现了共同发展，具有良好的经济效益和国际影响力。如伦敦西区、伦敦SOHO区与伦敦南岸中心等分别为英国著名的戏剧、影视与艺术的创意产业集聚区，是伦敦创意产业的重要载体。三是积极打造创意产业发展"外溢模式"。目前，伦敦创意产业已经形成了"打造IP—全球引爆—版权出口—衍生回报—外溢拉动"的发展模式。利用创意产业带来的外溢效应，带动伦敦的旅游、酒店、餐饮等发展，既成为可持续受益的驱动力，也成为国家软实力的标志，成功实现了经济从"制造型"向"创意服务型"的转型升级。

（三）以减量发展为手段，推动首都高质量、可持续发展

减量发展是实现可持续发展的必经之路。伦敦在发展过程中通过不断"瘦身健体"和减量发展，既破解了城市病难题，又充分发挥了首都的辐射作用，其发展经验值得北京学习和借鉴。一方面，打造具有"反磁力吸引中心"作用的卫星城，实现多中心、分散式空间布局。为解决伦敦的大城市病问题，政府建造了卫星城用于分散人口与就业。卫星城拥有与大城市相近的文化福利和基础设施，能够提供充足的就业岗位，大大缓解了中心城市与卫星城之间的通勤压力，为城市发展拓展了新的空间。经过长期发展，其发展目的也从最初的疏散人口演变为实现城市重新布局、优化产业结构与促进区域均衡发展，形成了首都减量、周边均衡、多中心布局的发展模式。另一方面，以均衡的公共服务为基础，为首都功能核心区提质减负。推进首都减量发展要避免追求核心区高质量公共服务过度集聚，以均衡的公共服务配置吸引企业和人口前往新城发展，消除外迁人口的后顾之忧。伦敦新城重视生活、工作、购物、学习和休闲等综合性公共服务功能配置，如谷歌在伦敦新城建立的新总部大楼，周边社区成熟、公共服务完善，还可享受剑桥大学等人才储备、大英图书馆等优质信息服务。

三 巴黎构建现代化经济体系的实践经验

（一）以和谐宜居的发展理念为前提，实现高质量发展

构建现代化经济体系，需要满足人们对美好生活日益增长的需求。近年来，巴黎致力于创建更和谐、更宜居的都市。首先，制定"新巴黎规划"，以实施可持续发展规划、注重交通网络重组、消除巴黎郊区封闭状态为原则，旨在将巴黎建设成为全世界最具设计感的城市。通过打造美丽郊区，提升郊区居民生活质量；协调经济增长与环境舒适之间的矛盾，促进城乡融合；强调保护城市自然环境与历史文化，避免过度发展。其次，制

定"巴黎2030战略规划",提出"联结与组织""集聚与平衡""保护与增值"三大空间改造策略。做出全面加强城市交通网络体系建设、提升城市的连接性与便捷性,以及积极扩大住房供给、增加就业并促进经济发展等总体安排,从而提升城市居民的生活质量。最后,坚持以人为本,努力建设宜居城市。近年来,巴黎市政府对现有的城市公共空间进行改造,为市民打造新型宜居空间。通过改造老旧小区基础设施、注重城市历史文化遗产保护和大力发展公共交通网络的形式,提升当地居民生活的舒适性与便利性。

(二)以绿色节能为使命,构建环境友好的绿色发展体系

2018年5月,习近平总书记在北京召开的全国生态环境保护大会上提出,绿色发展是构建高质量现代化经济体系的必然要求,也是解决污染问题的根本之策。近年来,面对当代城市问题,巴黎政府在绿色发展方面进行了大量卓有成效的探索,其发展经验具有较高的借鉴价值。在绿色金融方面,巴黎政府已将绿色金融作为未来经济可持续发展的重要领域,希望以此配合结构性改革,为经济增添新亮点。通过不断加强对各金融投资机构发展战略中应对气候贡献等方面的监管,充分发挥绿色金融的引领作用,有效优化生产要素的供给结构,削减传统产业的过剩产能,促进新兴绿色产业加速发展。在绿色交通方面,制定交通发展规划和节能策略。提出以减少小汽车交通量为优先目标,实现城市机动性组织管理,从而进行交通需求和供给之间的互动,更好地进行多模式交通之间的转换。提倡无污染交通方式,大力推广使用插电式混合动力交通工具以及污染较小的飞机、汽车和自行车等交通工具,配以智能化手段,从而实现可持续发展。在绿色基础设施建设方面,政府对现有绿色空间进行挖掘,并通过一系列措施对这些自然遗产进行保护和提升,最大限度地增加自然空间。同时,探索传统绿化方式以外的可能性,如在建设用地中植入绿色空间、将街道内的一部分空间转变为步行区域并形成带状花园、建设绿色屋顶等,努力挖掘可能对城市绿色基础设施建设有所贡献的空间。

第七章 构建现代化经济体系的国际经验

四 东京构建现代化经济体系的实践经验

（一）政府高度重视科学教育，培养高素质创新科技人才

构建现代化经济体系，对人才队伍也提出了相应要求。目前，东京在培养创新型人才的实践探索中已经形成了相对稳定的体系，其经验值得参考与借鉴。一是深化改革，培养顶尖创新人才。政府提出培养具备先进专业知识和技能的高层次专业人才、具备创新能力和优秀研发能力的科学研究人员、具备突出教学和科研能力的高校教师，以更好地面对国际激烈的人才竞争形势。二是产学结合，培养多样化人才。东京政府积极鼓励高等教育机构与产业界共同培养高层次人才。在产学结合的培育模式下实施长期实习制度，有利于高校与企业之间的沟通和协调，从而更好地提高学生的实践能力，培养能够适应社会需求和变化的人才。三是采取优惠措施，吸引海外人才。鼓励高等学校和研究机构积极聘请外籍教师，通过改善研究环境以及提高待遇等方式激励外籍研究人员最大限度地发挥潜力，在各个科研领域取得了丰硕成果。同时，重视外国留学生所发挥的建设作用，为其提供住宿、心理咨询等生活方面的帮助。

（二）以创新为引擎，推动"技术引进"向"技术创新"转型升级

在"技术引进"方面，在引进先进技术的基础上，进行二次创新成果转化。在创新建设发展的早期阶段，东京政府大力引进其他国家的专利与技术设备，并在引进的基础上结合各个国家的独特经验不断进行改造与升级，通过科研人员的研究设计将引进的先进技术进行二次创新，即形成"消化—吸收—再创新"的创新转化过程，并将二次创新的成果再次转入国际市场，最终在国际市场竞争中获取高额利润。在"技术创新"方面，制定技术立国战略，提升城市自主创新能力。在以美国为首的西方发达国家

技术出口限制逐渐增加的情况下,东京政府逐渐意识到自主创新能力的重要性,因此制定了技术利国战略,主要包括:制定科技发展总方针,为战略实施指明方向;通过研究开发制度,引导民间企业发展遵循战略意图;推动创新成果及时产业化与实用化;加强国际外交,吸引各国优秀人才。该战略优化调整了日本的产业结构,经济发展的重点转向知识密集型产业。

(三)推进政府与市场融合发展,进一步完善现代化经济体制

构建现代化经济体系,要厘清政府和市场之间的关系,充分发挥两方面的作用。一方面,充分发挥政府在市场经济中的宏观调控作用。在产业政策方面,实施更加尊重企业自主发展的产业政策,减少干预企业经营管理的政府政策,充分调动企业发展的主动性和积极性。在平衡与协调方面,不仅保持了薪酬在国民收入初次分配中的较高比重,而且通过多种再分配调节政策缩小了收入分配差距,降低了社会两极分化程度。另一方面,实现市场与政府的双重驱动模式。在市场机制的基础上,充分发挥政府产业调控的作用,结合市场竞争与产业政策,建立产业升级的激励机制。其核心是集中政策资源与市场力量,支持重点产业及企业,快速提升产业竞争力。政府通过制定税收减免、加速折旧、优惠贷款等政策,吸引企业跟进,实现产业政策目标,从而加快产业结构优化升级的进程。

五 小结

大力推动科学技术创新,转换经济体系的内生动力。一是建立城市创新创业平台。借鉴"数字纽约"平台的建设经验,推动公共机构与私人企业合作,汇集包括科技公司、初创企业、投资者、创业孵化器等方面的相关创业信息,促进人才、技术、资本等各类创新创业要素的高效配置与有效集成。二是加强"政产学研用"合作,推动科技创新成果落地转化。整合研究机构、企业和政府资源,实现研发及应用的无缝衔接,推动创新

成果产业化应用；加强"政产学研用"合作，通过政府初始基金撬动更多社会资金，投入新技术研发及产业化这一中间环节；以企业研发为主体，以市场调节为分配方式，优化科技资源配置，以关键核心技术为主攻方向，加强5G工业应用、边缘计算、人工智能及区块链等前沿技术协同攻关。

大力发展先进制造业和现代服务业，推动二者深度融合发展。一是大力发展先进制造业。可借鉴纽约和东京"脱虚向实"的发展模式，重新聚焦实体经济，实施"再工业化"战略，选取机器人、3D打印、新材料、信息技术、生物技术等能够引领世界制造业发展的关键领域进行重点支持，引导制造业朝价值链高端及原创方向发展。二是大力发展现代服务业。可借鉴纽约与巴黎经验，不断优化提升现代服务业，大力发展服务经济、知识经济、绿色经济以及与首都城市战略定位相匹配的总部经济，支持在京创新型企业总部发展，加快培育金融、科技、信息、文化创意、商务服务等现代服务业。三是推动现代服务业与先进制造业融合发展。形成"制造+服务"的发展模式，推动"互联网+"、云计算和大数据等与先进制造业实现高度融合，抢占产业链高端环节。

加大人才培养、引进力度，打造宜居、宜业的城市环境。一是以高校和科研院所为依托，注重人才队伍培养。可借鉴纽约与东京的发展经验，孕育以高校和科研院所为创新源头的科技园区，通过改革教育、优化培养计划等方式与企业合作，构建创新型技术类与工程应用类相结合的人才培养机制，为高校学生提供实习机会，也为企业培养高端人才。二是建立国际化人才引进机制。建立留学人员创业园区、大学科技园创业服务公共信息网络平台，完善园区孵化器功能，为留学回国创业人员提供良好的创业环境；加强优秀留学人才与国内用人单位之间的合作，促进国外先进技术、管理经验与国内资源有机结合。三是建设人才宜居城市，增强城市对人才的吸引力。可借鉴巴黎与伦敦建设宜居城市的经验，构建方便居民出行的交通网络，加强居住地、企事业单位、工作地与大型公共交通设施之间的联系；挖掘现有的绿色空间，以植入绿色空间、建设绿色屋顶等形式，最大限度地增加绿色空间；重视生活、工作、购物、学习和休闲等综合性公共服务功能的配置，建立健全结构合理、均衡配置、持续发展的公共服务体系，更好地满足创新人才的实际需求。

第八章
北京构建现代化经济体系的对策建议

结合前文分析，本书认为成功构建现代化经济体系需符合两个标准。一是强调底线思维，即应达到最低标准。一方面要能在国民经济调结构的同时实现平稳增长，避免经济增长失速；另一方面要没有明显的短板，让庞大的经济体系具有很好的韧性，避免其在极端情况下发生难以自我修复型的崩溃。二是强调其先进性、引领性和特色性，体现现代化的要求，即应达到较高标准。一方面强调现代化经济体系应以科技创新为支撑，实现通过创新部门对其他部门及周边地区的引领带动作用；另一方面则强调各地在构建现代化经济体系过程中要因地制宜、凸显亮点、做出特色。2020年5月，习近平总书记在全国政协十三届三次会议经济界委员联组会上指出，"面向未来，我们要把满足国内需求作为发展的出发点和落脚点，加快构建完整的内需体系……逐步形成以国内大循环为主体、国内国际双循环相互促进的新发展格局，培育新形势下我国参与国际合作和竞争新优势"。因此，本书认为北京应该从"稳增长""补短板""强引领""显亮点"四个方面来构建现代化经济体系。"稳增长"主要应从推动北京高端服务业高质量发展、营造国际一流的营商环境和"新基建"等方面实现，在保持现有发展优势的同时培育新的经济增长点；"补短板"主要是从解决城乡收入差距过大、公共服务均衡度不高等问题以及提升城市宜居度和城市韧性等方面来实现；"强引领"主要强调发挥科技创新对经济社会发展的引领作用以及北京对京津冀协同发展的引领作用；"显亮点"则强调如何在构建现代化经济体系过程中体现自身特色，如强化自身首都属性和服务"四个中心"的城市功能定位等。

一 "稳增长"：保持现有优势，培育新增长点，实现经济长期平稳增长

在全球新冠肺炎疫情的冲击下，国家统计局新闻发言人毛盛勇表示，"力促全年经济平稳运行和社会大局稳定"是2020年我国经济社会发展的目标。[①] 为应对当前我国经济平稳健康发展所面临的一系列新挑战和新风险，中央政府在扎实做好"六稳"的基础上提出了"六保"，形成了"六稳"加"六保"的工作总基调。其中，"六稳"和"六保"的首要任务都是保障就业。根据奥肯定律，GDP每增长2%，失业率大约下降1个百分点，经济增长对就业增加具有显著的正向影响。北京在构建现代化经济体系过程中，"稳增长"主要从构建现代产业体系领域发力，保持北京高端服务业优势，通过"新基建"培育新的经济增长点，实现经济长期平稳增长。

（一）推动高端服务业发展，形成经济发展的强劲引擎

2019年，北京市第三产业增加值比上年增长6.4%，高于地区生产总值增速0.3个百分点，对经济增长的贡献率达到87.8%。[②] 2019年1～11月，规模以上金融业，信息传输、软件和信息技术服务业，科学研究和技术服务业法人单位收入占第三产业收入的比重合计为36.6%，较上年同期提高3.6个百分点。[③] 由此可知，北京市第三产业发挥了"压舱石"的作用，金融业，信息传输、软件和信息技术服务业以及科学研究和技术服务业等优势产业对经济发展形成了有力支撑。因此，在构建现代化经济体系过程中，如何保持第三产业平稳发展，成为北京市经济"稳增长"的关键。

[①] 陶凤、肖涌刚：《保就业 稳增长 扩内需》，《北京商报》2020年4月18日。
[②] 《北京市2019年国民经济和社会发展统计公报》。
[③] 《去年北京市新经济增加值超1.27万亿》，人民网，2020年2月14日，http:/bj.people.com.cn/n2/2020/0214/c82840-33794157.html。

第八章　北京构建现代化经济体系的对策建议

1. 大力发展高端服务业态和服务业高端环节

一是引进国际高端服务业态总部，推动城市副中心形成新的服务业集聚区。北京可借鉴上海经验，通过大力引进跨国公司地区总部、投资中心等高端服务机构和业态，推动形成完善的现代服务业生态系统。同时，通过组建专业服务业联盟等中介服务机构，推进专业服务业多维度跨界融合和一体化品牌打造，打造"专业服务高地"。二是大力发展现代金融产业，为高端服务业发展提供金融支持。研究制订服务业重点领域高质量发展行动方案，推动服务业开放、创新、融合发展，大力发展以科技金融、文化金融、绿色金融、普惠金融为主体的现代金融产业体系。

2. 拓展新型消费领域，探索服务业新业态

一方面，可借鉴上海经验，成立都市生活新服务专业委员会等机构，充分发挥北京在文化创意和设计服务等方面的优势，鼓励文化创意和设计服务企业与新型服务业态合作，探索新型消费领域与服务领域，满足居民消费升级与消费多样化的需求。另一方面，大力支持网络消费新业态发展，如依托京东、惠买在线等电商龙头企业，加大跨境电商布局力度，组织电商企业、商贸企业积极参加中国国际进口博览会，加大力度采购海外商品和国际知名品牌。探索开展更多跨境电商网购保税业务，加大力度支持电商龙头企业建设更多跨境电商智能机器人仓库。积极培育智慧流通服务平台、新零售门店、消费体验中心等新业态、新模式，大力发展跨境电商体验店，推动跨境电商进口医药产品试点，推动网络消费。深入推进服务贸易创新发展试点，支持服务贸易新业态、新模式发展，完善跨境交付、境外消费、自然人移动等模式下服务贸易市场准入制度。

（二）打造国际一流的营商环境，持续激发市场主体活力

营商环境是一个城市的软实力和竞争力的重要体现，直接关系到经济发展的活力和质量，关系到企业的生存和再发展。2020年《北京市政府工作报告》明确提出，要持续打造市场化、法治化、国际化的营商环境。2019年11月《北京市新一轮深化"放管服"改革优化营商环境重点任务》印发，2020

年4月《北京市优化营商环境条例》正式实施，北京市营商环境不断优化。但是北京市仍存在市场秩序有待规范、市场规则不统一、消费者维权意识和维权能力相对不足等问题，北京市还应在以下几个方面持续发力。

1. 进一步深化"放管服"改革，清除隐性壁垒

一是全方位提升政府服务水平。一方面，加快推进政务服务平台建设，推进全市政务服务"一窗办理、一网通办"，全面实现"前台综合受理、后台分类审批、窗口统一出件"，加快落实全市政务服务"一张网"建设，逐步推行行政职权事项全程网上办理；另一方面，全面梳理行政职权，推进权力清单和责任清单融合，在全市范围内形成统一规范的政务服务标准。此外，可借鉴杭州经验，建立服务专员制度和"政府事务代表"制度；对于中小微企业，可借鉴广州经验，设立中小微企业服务站，为中小微企业提供多元化与针对性服务。二是持续清理各类影响市场主体准入和经营的壁垒。全面实施公平竞争审查制度，制定出台公平竞争审查制度实施办法。同时，积极探索实行企业投资项目承诺制、监管事项清单管理制。建立健全清理"证明"工作长效机制，完善取消"证明"事项目录，重点对企业上市过程中需要开具的各类"证明"进行专项清理。三是强化第三方服务机构在优化营商环境中的重要作用。建议借鉴上海经验，建立符合北京发展实际的营商环境优化提升咨询会，聘请各行业专家担任咨询会委员，充分发挥行业协会、中介机构、招商机构等部门专业人员的作用，通过咨询会委员在一线工作中收集的一手资料，深刻了解企业对营商环境的诉求，进一步落实市内营商环境的优化和改革。

2. 加快推进公共信用体系建设，打造营商环境示范工程

一是建设全市统一的公共信用联动体系。尽快完成北京市社会信用条例立法工作，建设全市统一的公共信用联动体系和信用联合奖惩"三清单"，形成"一处失信、处处受限、寸步难行"的失信惩戒格局。二是强化商事案件司法保障工作。出台为优化首都营商环境提供司法保障的实施意见，为商事活动纠纷提供法律保障。同时，完善权威高效的知识产权司法保护体系，实施最严格的知识产权保护。三是打造营商环境示范工程。落

第八章　北京构建现代化经济体系的对策建议

实《北京市进一步优化营商环境行动计划（2018~2020年）》，全面建设"六个统一"的智慧型政务服务体系，着力打造"北京效率、北京服务、北京标准、北京诚信"四大示范工程。

3. 深入推进国资国企改革，重塑国企发展生机

针对前文分析的国有经济布局和所有制结构不够合理，以及国有企业建设的现代企业制度仍有待完善等问题，北京应从以下两个方面开展工作。一是制订专项行动计划，推动国企做优做大。在积极疏解退出不符合首都功能定位的市管国企的基础上，研究出台《进一步深化国资国企改革推动高质量发展三年行动计划（2018~2020年）》，结合落实《推动市属国有企业加快科技创新大力发展高精尖产业的若干措施》，加快符合首都功能定位的国企推进科技创新、转型升级。二是继续推进国企管理、经营机制改革，提升企业发展活力。北京应坚持把混改作为重要突破口，继续鼓励引导市管国企发展混合所有制经济，建立灵活的市场机制。坚持市场化经营方向，积极落实职业经理人试点，加快实行具有激励导向作用的企业领导人员履职待遇。深化员工持股试点工作，积极推进股权和分红激励试点改革，构建多层次激发和保护企业家精神的长效机制。

（三）加快推进"新基建"，释放更多发展红利

稳投资作为"六稳"的重要方面，是实现经济稳增长的重要手段。2019年我国固定资产投资保持平稳增长，资本形成总额对经济增长的贡献率达到31.2%，基建投资对经济的托底效应不断增强。2018年12月，中央经济工作会议明确提出，要加快5G商用步伐，加强人工智能、工业互联网、物联网等新型基础设施建设。"新基建"本质上是信息数字化的基础设施，与传统基建相比，其内涵更加丰富，涵盖范围更广，更能体现数字经济特征，能够更好地推动经济转型升级。[1] "新基建"不仅能够夯实"科技

---

[1] 《新闻观察：5G等"新基建"为经济增长提供新动力》，央视网，2020年3月2日，http://jingji.cctv.com/2019/03/02/ARTIvuyfQ1gT9p5T0pXTWTkv190302.shtml。

支撑"之基，而且能够创造新动能。①北京在构建现代化经济体系过程中，应加快推进"新基建"进程，为经济发展培育新动能。

推进"新基建"要注重四个结合。在建设时序方面，要注重长期战略与短期计划相结合；在模式探索方面，要注重试点先行与全面推进相结合；在参与主体方面，要注重有为政府与有效市场相结合；在动能驱动方面，要注重"新基建"发展与"老基建"升级相结合。②2020年3月，北京市规划和自然资源委员会正式印发《北京市5G及未来基础设施专项规划（2019年~2035年）》，从规划管控和实施保障两个方面设计实施路径，重点解决5G基站建设难题；2020年6月，《北京市加快新型基础设施建设行动方案（2020~2022年）》发布，明确了北京建设"新基建"的基本目标、原则、基本任务及保障措施。该方案结合北京市的产业特色、发展基础和市场需求，明确了当前阶段需要加紧布局的重点领域，在建设时序、动能驱动等方面对北京"新基建"推进做了重要部署。因此，本书重点从建设主体和建设方式两个方面提出对策建议。

1. 探索"新基建"模式，政府与市场实现合理分工合作

在"新基建"前期，特别是在规划、布局、引资等方面，应充分发挥政府的引导作用。在具体的建设和投资上，要进一步放开"新基建"领域的市场准入，让更多的投资主体参与"新基建"。如北京可借鉴成都经验，探索构建"龙头企业领建、中小企业参建、金融机构助建"的微生态模式，通过支持多层次市场主体参与"新基建"项目，有序释放和启动"新基建"市场机会。此外，政府可通过加快建立和完善政策机制，鼓励产业园区、企业开展多样化的技术路线和商业模式探索，在建设规划、设施利用、利润和现金流转化、产业组织结构等方面探索可行性路径。

2. 改革基建投融资模式，加大社会资本参与力度

北京可通过扩大地方专项债发行规模、实行资产证券化等方式为"新

---

① 孙英兰：《"新基建"带来新机会》，《瞭望》2019年第11期，第30~31页。
② 《推进"新基建"要注重四个结合》，中国工业新闻网，2020年6月3日，http://www.cinn.cn/gongjing/202006/t20200603_229503.html。

基建"项目融资，将基建融资需求转移到主要依靠资本市场直接融资上来。除此之外，"新基建"要充分发挥市场主体作用，激发社会资本活力，在商业应用领域更多地要靠市场和企业主导，政府应做好服务，制定规则标准，当好"裁判员"。一是合理运用PPP模式，调动社会资本参与"新基建"的积极性。政府应积极发挥引导作用，解决该模式投资巨大、参与主体过多、合同结构复杂等因素造成的潜在风险问题；加快出台系统性法律法规，明确各利益相关方权责；在合作伙伴选择上做到公平透明，降低项目运作风险；对社保基金、保险公司等非银行金融机构参与应给予税收优惠；通过特许经营权协议、议定最低报酬率、准许建立特色商业带等方式，打消金融资本对项目收益的顾虑；调整优化监管方式，完善"新基建"产品和工程质量检查评定制度。二是引入企业债券、信托融资、私募股权投资等模式，拓展"新基建"融资渠道。可借鉴国外PPP模式运作中的经验和做法，积极引入企业债券、中期票据、信托融资、供应链金融、地方社保基金中可用于私募股权投资的部分资金等融资模式，不断丰富社会资本的参与方式，推动"新基建"项目发展。三是成立区域性投资公司，统一管理"新基建"项目的规划、融资、建设与监督。"新基建"投资公司可参考世界银行或其他国际开发性金融机构的运作模式，在地方政府的担保下，在资本市场上进行大规模、低成本融资。同时，对"新基建"项目进行市场化成本收益分析，并行使出资人权利，对项目进行监督、追责，从根本上打造现代化的基础设施投融资模式。

二 "补短板"：补齐发展短板，提升经济社会发展韧性

根据"木桶理论"，整体水平取决于具体能力中最弱的一项。北京在构建现代化经济体系过程中，一定要做好"补短板、强弱项"的工作，保证现代化经济体系各组成部分齐头并进，实现经济社会高质量发展。

（一）着力改善民生，提高基本公共服务均衡化水平

相关数据显示，2018年第一季度，北京白领平均月薪为10521元，领跑全国，上海以10001元紧随其后。同时，北京成为2018年第一季度"贫富差距"最大的城市，平均薪酬最高和最低的10%岗位，薪酬差异达到8.05倍。[①] 由此可知，北京各阶层存在较大的收入差距。为带动城乡居民增收，逐步缩小收入差距，扩大中等收入群体，北京市人民政府于2017年12月印发了《关于进一步激发重点群体活力带动城乡居民增收的若干政策措施》，针对技能型人才、新型职业农民、科研人员、小微创业者、企业经营管理人员、有劳动能力的困难群体、基层干部队伍等增收潜力大、带动能力强的七类重点群体，提出八个方面共27条差别化的收入分配激励措施。建设体现效率、促进公平的收入分配体系是构建现代化经济体系的重要方面之一。北京在构建现代化经济体系过程中，要着重补齐在收入分配、公共服务领域存在的短板，缩小收入分配差距，实现基本公共服务均等化。

1. 多项措施齐发力，提供充分就业，提高居民收入

一是推进"互联网+就业创业"服务，将就业创业服务窗口贴近劳动者，使劳动者"不跑路、少跑路"就能获得便捷、高效的公共就业服务，如实现"技能提升"补贴全程网上办理。二是持续加大就业创业扶持力度。建立企业分流职工管理制度，将企业分流职工纳入就业帮扶范围；加大高校毕业生就业创业帮扶力度，扩大求职创业补贴覆盖范围。三是营造更为健康的市场投资环境，增加居民经营性和财产性收入。四是完善终身职业技能培训制度，支持高校毕业生、在岗职工、失业人员、农村转移劳动力参加就业创业培训，提升人力资本。

2. 提供更高水平、更均等化的基本公共服务

教育服务方面，在教育资源相对落后地区、重点新城和生态涵养区启动新建一批示范性学校，加大对学区制改革、集团化办学和乡村学校的支

---

① BOSS直聘：《2018年一季度人才吸引力报告》，2018年4月。

第八章 北京构建现代化经济体系的对策建议

持力度，进一步缩小城乡、区域、校际差距，推进教育资源均衡发展。推进学前教育普及普惠和规范发展，大力发展普惠性幼儿园，增加财政投入，新增幼儿学位。医疗服务方面，立足全人群和全生命周期两个着力点，提供公平可及、系统连续的健康服务，整合北京市各区的医疗资源，组建由三级医院与二级医院、社区医院组成的跨区医疗联合体。加快补齐基层医疗服务短板，推进区级妇幼保健院和中医院项目建设，推动名中医到基层社区开展服务。推进北京健康医疗信息互联互通与大数据应用，提升健康医疗服务效率和质量。养老服务方面，完善老年人社会福利制度，建立老年人养老服务补贴津贴制度。全面建立多层次养老保障体系，推进基层共办养老机构改扩建工程。大力发展养老服务业，政府从政策、资金等方面支持民营养老服务机构发展。住房保障方面，加大住宅用地供给，扩大住房供给，发展住房租赁市场，特别是长期租赁，推进集体建设用地建设租赁住房，完善租购并举的住房制度。通过增加保障房供给，提高公租房在城市住房中的比重。可借鉴深圳经验，设立多主体供给、多渠道保障、租购并举的住房供应与保障制度，创新住房供给模式；成立由市级政府和各区政府共同出资的国有房地产企业，在地铁站周边加盖"人才房"，采取租赁、动态调整等方式降低人才用房成本。也可借鉴上海张江高科技园区经验，打造创意型生活空间，为人才提供更加优化的住房条件，吸引更多精英人才集聚。社会救助方面，完善城乡社会救助制度，扩大最低生活保障覆盖范围，提高社会救助对象认定的准确性，加强和改进临时救助工作。完善低收入村、低收入农户帮扶政策体系和工作机制，加强对帮扶对象的动态管理。此外，北京可通过实施积分制度、分区域分配等灵活政策，解决重点人才车辆摇号难、出行不便等问题。

（二）着眼于城市宜居品质，提高生态绿色发展水平

由中国社会科学院财经战略研究院与经济日报社共同发布的《中国城市竞争力报告 No.17：住房，关系国与家》数据显示，2018 年中国城市综合经济竞争力排行榜中，北京排在第 5 位；在可持续竞争力、宜商城市竞争

力排行榜中，北京均排在第 2 位；而在宜居竞争力排行榜中，北京则排在第 13 位。① 生态环境是制约北京宜居城市建设的重要因素之一。北京在构建现代化经济体系过程中，要坚持"绿色、低碳、循环"等原则，做好生态文明建设工作，提升城市宜居品质和生态绿色发展水平。

1. 加大环境治理力度，实现能源清洁化

一是制定全方位环境治理长效机制。大气治理方面，严格实施《关于全面加强生态环境保护坚决打好污染防治攻坚战的意见》和《打赢蓝天保卫战三年行动计划》等政策，进一步完善京津冀大气污染共治机制。加强污染源解析，聚焦重型柴油货车、扬尘、挥发性有机物等重点防治领域，推动 PM2.5 平均浓度持续下降。同时，加大环境检测改造力度，搭建云分析平台，实现大气环境的精准化治理。水环境治理方面，完善"河长制"，健全水环境质量监测评价考核制度。坚持污染减排和生态扩容两手发力、污染治理和成果保持两手并重，打好碧水攻坚战。土壤污染预防方面，建立健全土壤污染预防、评估、风险管理和治理修复机制。二是完善生态保护和市场化机制。进一步完善市场化、多元化生态保护补偿机制，健全生态资源市场化交易机制，实现多元主体共建、共治、共担、共享。三是推动实现能源清洁化发展目标。北京市可探索分布式供电与集中式供电相结合的电力发展模式，以缓解电力的外调压力，提升全市电力能源供给的可靠性，实现城市和农村地区能源清洁化目标。同时，探索在分布式供电站设立充电桩的模式，实现充电桩覆盖范围的有效拓展，推动北京市分布式电力系统与新能源汽车融合发展。

2. 拓展绿色生态空间，注重绿色生态空间的精细化治理

一是聚焦重点区域，持续拓展绿色生态空间。为解决城市绿地缺口大、公园绿地分布不均衡等问题，北京市可加大小微绿地和微公园建设力度，开展屋顶绿化等立体绿化工作，重点打造多处精品街区。全面实现绿化隔

---

① 倪鹏飞主编《中国城市竞争力报告 No.17：住房，关系国与家》，中国社会科学出版社，2019。

离地区减量提质增绿，深入开展裸土覆绿行动，持续推进建绿透绿、见缝插绿、穿墙透绿，打造一批精品街头公园、社区公园、口袋公园。二是对绿色生态空间实行精细化治理。一方面，利用物联网技术将感知到的绿化监测、环境管理数据通过处理和集成，再运用适合的数据分析方法进行分类整理，将分析结果展现给用户部门，有针对性地制订治理方案，并根据结果进行相应的调整更新。另一方面，建立健全城市绿地分级分类管理制度，提升绿地管护效能。

3. 建设智慧型生态城市，实现首都可持续发展

一是对城市公共基础设施进行管理升级。可在全市范围内推广北京经济技术开发区在基础设施改造方面的成功经验，对监测系统进行合理布局及优化，实现基础设施自检自测自报，保证城市设施高效运转。二是将低碳设计融入城市设施建设中。可借鉴深圳前海深港现代服务业合作区在绿色建筑建设方面的经验，将建筑方案与建筑设计有效融合，充分利用绿色、高效、舒适的建筑技术，如在道路建设方面，推广使用橡胶沥青等绿色原料，创造全生命周期环保节能和舒适高效的绿色建筑，实现城市的绿色发展。三是优化城市水循环设计，建设海绵城市。可借鉴深圳前海深港现代服务业合作区经验，通过设置下凹式绿化带、透水人行道、自行车道铺装结构，降低道路范围径流系数；也可利用植物、地势、路面的优化设计对雨水进行缓释，使城市在适应环境变化时具有更好的弹性，恢复水在自然和城市中的正常循环。

（三）提高城市治理水平，注重城市和谐发展

创新城市治理方式，构建权责明晰、服务为先、管理优化、执法规范、安全有序的城市治理体制机制。一是提高城市精细化管理水平，推动城市管理向街巷胡同延伸，落实好街巷长与小巷管家制度，健全长效管理机制。二是总结推广城市共治的好经验，调动社会力量参与城市治理。三是更加注重运用法规、制度、标准管理城市，运用法治思维和法治方式，化解社会矛盾，使首都成为依法治理的首善之区。四是加强物联网、云计算、大

数据等信息技术在城市管理中的应用，整合城市保障、城市运行、公共安全等综合型平台，实现区、街道（乡镇）、社区（村）三级在信息系统、基础数据等方面的深度融合。五是健全社区治理体系，取消对社区的"一票否决"事项，完善社区工作事项清单，强化社区服务功能。

三 "强引领"：强化科技创新与非首都功能疏解的引领作用

（一）科技创新为现代化经济体系构建提供动力源

2019年《北京市政府工作报告》提出，要坚持创新驱动，提升北京作为全国科技创新中心的引领性和影响力。在新冠肺炎疫情冲击全球经济的大背景下，唯有科技创新才是走出危机、赢得主动的治本之道。北京在构建现代化经济体系过程中要强调科技创新对经济发展的引领作用，以科技创新为引领，向创新要增量，构建基础研究、区域创新、开放创新和前沿创新深度融合的协同创新体系，聚焦"三城一区"，将其建设成为首都创新发展的主平台，进一步激发全社会创新创造动能，以科技创新助推经济社会前行。

1. 深入推进科技创新体制改革

一是加快推进全国科技中心建设立法。2019年11月，北京市人民政府发布《关于新时代深化科技体制改革加快推进全国科技创新中心建设的若干政策措施》（简称"科创30条"）；2019年12月，《北京市促进科技成果转化条例》正式出台。北京市科创领域的政策条例不断完善，但建设全国科创中心仅靠政府的规范性文件还远远不够。因此，北京应借鉴上海、深圳经验，通过科创中心建设综合性立法，把涉及科创中心建设不同层面的问题予以集中解决。二是探索建立无形资产使用及管理领域的地方立法。北京市应在赋予科研人员科技成果所有权和长期使用权、科技类无形资产管理权等方面积极探索地方立法新突破，特别是健全国际通用的以知识价

第八章　北京构建现代化经济体系的对策建议

值为导向的分配制度，赋予科研机构和人员更大的自主权。三是探索外资研发机构账户交易、研发样品通关等领域的政策创新。为吸引高能级跨国公司在京设立外资研发机构，北京可借鉴中国（上海）自由贸易试验区的政策，在借鉴外资研发中心税收减免、资金支持以及参与科技项目和创新创业平台等政策的基础上，探索在一些试验区域（如北京经济技术开发区）内制定允许外资研发中心设立自由贸易账户的政策，依托物流基地陆路口岸建设提升外资研发中心研发样品的海关通关便利性，为全球研发中心非贸易项下付汇合同备案及纳税判定提供绿色通道，等等。四是强化外籍人才的引才用才机制。一方面，可依托量子信息科学研究院、北京脑科学与类脑研究中心、北京智源人工智能研究院三大具有全球视野的新型研发机构，在科研管理和运行机制上大胆突破，为集聚国际一流战略性科技创新领军人才提供良好的制度环境与发展平台；另一方面，加强中关村人才管理改革试验区建设，制定实施《加快建设世界高端人才聚集之都行动计划（2018~2022年）》，构建具有国际竞争力的引才用才机制。

2. 高水平建设"三城一区"创新发展主平台

一是坚持百年科学城标准和"科学+城"理念，精心实施"三城一区"规划。中关村科学城注重"聚焦"，着力提高对全球创新资源的开放和集聚能力，重点布局一批关键共性、前瞻引领、颠覆性技术项目和平台，打造原始创新策源地和自主创新主阵地。怀柔科学城注重"突破"，加快推动高能同步辐射光源、多模态跨尺度生物医学成像设施、子午工程二期等国家重大科技基础设施，以及新一批前沿交叉研究平台开工建设，建设世界级原始创新承载区。未来科学城在"搞活"下功夫，盘活存量资源，引入多元主体，加快投资孵化、科技服务等创新要素集聚，推进能源、材料、智能制造等领域协同创新，打造全球领先的技术创新高地。北京经济技术开发区注重"升级"，加快建立与"三大科学城"对接转化机制，聚焦新能源汽车、新一代信息技术等千亿元级产业集群，加快推进戴姆勒全球研发中心、小米互联网电子产业园项目建设，打造首都创新驱动发展前沿阵地。二是构建"三城一区"协同创新与孵化服务平台。一方面，重点整合企业科技创新需求与"三城一区"创新资源供给，搭建协同创新服务平台，设立"三城一区"共建共享的开放实验室、大科学装置、中试平台以及面向市场的新型研发机构，推动"三城一区"协同创新；另一方面，在开发区核心区搭建专门对接"三城"创新成果的孵化服务平台，定向对接"三城"高校、科研院所及高新技术企业创新孵化项目，同时在"三城一区"选择若干重点科技孵化器、众创空间作为向开发区定向转化科技成果、加速发展的孵化平台。

3. 持续提升科技创新能力

一是推动国家重大科技基础设施在京落地建设。北京应积极承接量子信息、网络空间安全等领域的国家实验室以及航空发动机、天地一体化信息网络、新一代人工智能等"科技创新2030－重大项目"，促进一批重大原创性成果落地转化。二是积极开展关键性技术攻关。积极对接国家重大短板领域"振芯铸魂"工程，重点围绕"卡脖子"的芯片等关键原材料、元器件、零部件集中攻关，积极开展关键技术攻关、颠覆性技术突破。鼓励优势企业积极参与引领产业变革的原创与颠覆性技术等国家科技创新重大项目的组织实施，形成创新集群效应。三是积极吸引跨国公司及国际知名实验室在京设立研究机构，打造国际研发机构集聚区。加强体制机制创新，加大跨国公司开展研发活动的资金支持力度，吸引国际主要研发机构入驻北京。鼓励国际天使投资基金加大对本土创新型企业的研发投入。对北京打造全国科技创新中心的重点领域同时又是目前的薄弱环节的研究领域，制定特殊政策鼓励外资研发机构入驻和吸引外籍研发人员加盟。四是加大创新型企业扶持力度。可借鉴深圳经验，从制度、资金等方面支持企业加大创新力度，引导企业实现创新活动的多样性、连续性和前瞻性；设立中试创新基金，支持企业建设中试基地、中试生产线，加快推进创新科研成果转化应用和产业化。

4. 加强技术交易市场与科技服务中介网络建设

一是出台技术转移条例，构建科技成果转化政策体系。探索建立知识产权保护实验室、存证固证系统，探索建立新兴领域和业态知识产权保护

第八章 北京构建现代化经济体系的对策建议

制度；以立法保障技术转移工作，通过建立有效的技术转移保障机制、激励机制、规范和惩罚机制，解决知识创新体系的短板问题，营造有利于自主知识产权产生和转移的法治环境。二是扶持技术转移服务机构，培育技术转移服务专员，提高创新成果转化能力。推动国有制及集体制的技术转移服务机构实行自主经营、自负盈亏，提升其市场活力；加大对技术转移服务机构的支持力度，提升技术转移服务机构的技术能力；加强高层次技术转移人才培养和引进，制定高层次技术转移人才评价标准，为高层次技术转移人才在居留和出入境、安居、子女入学、配偶安置以及医疗等方面提供便利。三是打造技术交易现行试验区。可建立统一、规范的技术市场标准制度，实现技术成果、专利信息、技术需求等技术交易数据库的有效对接和精准匹配，建立跨区域产业技术创新联盟，助推"三城"科技成果顺利向"一区"落地转化。培育发展技术转移机构和技术经理人，调动各类了解市场的优秀人才，推动技术交易的顺利进行。四是发挥行业协会和行业组织的作用。大力发展面向高等院校、中小型科技企业专利转化的研发服务业、技术转移服务业、产业共性技术及咨询服务业等。

5. 强化创新链对产业链的支撑作用

一是鼓励北京科技资源积极向外辐射。支持中关村科技园区等优势科技园区面向京津冀布局，在区域内移植其成功模式和品牌；鼓励清华大学、北京大学等知名院校，中国科学院等著名科研机构以及北京市龙头科技企业，紧密围绕区域内协同创新的重点产业开展技术性研究，在河北建立科技合作示范基地或"科技中试中心"，提升河北的"造血功能"和内生发展动力。二是优化京津冀三地在产业链和创新链中的合理分工。围绕高精尖经济体系构建，北京着重于高精尖产业的研发设计和应用软件开发，天津围绕终端制造业发力，河北在零部件配套等方面发力，实现全产业链布局。近期，围绕区域生态环境联防联治和清洁空气行动计划，可将节能环保产业链的区域布局作为重点，北京应加大节能环保技术的研发，天津致力于实现节能环保设备的制造，河北则为节能环保设备提供零部件配套，进而实现区域全产业链的整体升级。

（二）加强统筹联动，提高区域协调发展水平

实现京津冀协同发展是北京构建现代化经济体系的空间支撑。北京要在打造现代化的京津冀协同发展格局、新型首都经济圈中发挥龙头和核心作用。城乡区域协调发展是解决发展不平衡问题的重要途径，在疏解非首都核心功能过程中，京津冀区域协调发展迎来了前所未有的历史性机遇。北京在构建现代化经济体系过程中应重点发挥其对区域协调发展的引领作用，体现在应加强推进以疏解非首都功能为"牛鼻子"的京津冀协同发展。

1. 健全增强功能疏解内生动力的体制机制

坚持疏控并举、政府与市场两手用力，动态调整、严格执行新增产能禁限目录，研究制定疏解非首都功能清单，着力从以"零散项目、点状疏解"为主向"以点带面、集中连片，央地协同、形成合力，系统联动、整体推进"转变。健全一般制造业、区域性物流基地、专业市场等退出机制，实现"散乱污"企业"动态清零"。持续推进疏解整治促提升专项行动，精细化做好非首都功能疏解腾退空间管理和使用，分类、分区域细化腾退空间资源再利用准入标准。研究制定城市更新实施办法，给予城市更新项目更多倾斜，在用地性质转变、高度提升、容量增加、地价补缴等方面，实行以强调公共利益为前提的奖励机制，激发城市更新改造的积极性。

2. 强化两翼联动，合力打造非首都功能集中承载地

深化与津冀两地和中央有关部门的协同联动，全力打造京津冀区域绿色生态屏障，加快构建以轨道交通为骨干的多节点、网络化交通格局，推动形成产业链有机衔接、优势互补、分工协作、协调发展的产业格局，健全区域协同创新体系，引领创新链、产业链、资源链、政策链深度融合，坚持优质公共资源输入与带动当地公共服务提升并举，合力提升基本公共服务均等化水平。一是完善重大问题协调、重点工作推进、工作落实督办"三个机制"，以政策创新和试点示范为依托，着力破解制约协同发展和要素流动的体制机制障碍。二是构建横向与纵向相结合的援助机制，不断深化完善对问题区域的援助政策。加大京津冀三地的横向财政转移支付力度，

第八章　北京构建现代化经济体系的对策建议

同时加大重点地区（环首都贫困带、重化工业退出区、非首都功能疏解区等）的纵向财政转移支付力度，并设立衰退产业区援助基金。

3. 加强南北合作，重点解决南北发展不均衡的问题

一是实施新一轮促进北京南部地区加快发展行动计划，建立南部科技创新成果转化带与"三大科学城"对接机制、丽泽金融商务区与金融街一体化发展市级协调机制。二是依托新机场建设，改善南部地区交通市政基础设施条件，以永定河、凉水河为重点加强河道治理，改善南部地区生态环境，加强公共服务设施建设，缩小教育、医疗服务水平差距。三是努力实现乡村振兴，重点推进农村环境整治以及农村基础设施和公共服务设施建设提升，让美丽乡村建设再上新台阶。

4. 依托中关村科技园区建设，适时培育生态涵养区的生态经济体系

北京市生态涵养区在发展过程中面临产业转型升级压力，应积极推动经济体系向资源节约型、环境友好型、创新主导型发展方式转变。一是依托中关村科技园区建设，将生态涵养区的新兴产业部门培育打造成为主导产业，实现产业结构升级的平稳过渡。二是在生态涵养区布局环境偏好型产业，抓紧制定相关支持政策吸引环境偏好型产业落地集聚，并依托高技术园区为环境偏好型产业提供产业配套支撑，形成比较优势。三是以"经济生态化"为产业发展导向，严格识别符合绿色发展导向且未来潜力较大的优势产业，同时加快科技创新步伐，打造生态产业集聚区。

四　"显亮点"：打造发展亮点，推动经济社会实现高质量发展

（一）构建以高精尖为核心的产业协同发展体系

2019年，北京市规模以上工业增加值（按可比价格计算）比上年增长3.1%。其中，计算机、通信和其他电子设备制造业增长9.9%，电力、热力生产和供应业增长8.2%，医药制造业增长6.2%，汽车制造业增长

2.7%。高端产业贡献突出,高技术制造业、战略性新兴产业增加值分别增长9.3%和5.5%,对规模以上工业增长的贡献率分别为74.7%和58.9%。在构建现代化经济体系过程中,应进一步凸显北京高精尖产业对经济的贡献度,加快引资补链、扩链、强链,提供稳定高效的产业链、供应链,打造经济发展新亮点。

1. 进一步推动高精尖制造业发展

一是制订高技术制造业发展专项计划,助力重点产业落地。如可制订"创新型企业培育壮大三年行动计划""5G产业发展行动方案"等,推动中芯国际B3、国能新能源汽车动力电池、国家北斗科技产业园等重点产业项目群落地,加快北京奔驰新能源汽车及动力电池项目建设。二是推动5G技术产业化应用,助力数字经济发展。推动5G关键技术突破和产业化应用,大力发展数字经济,深入实施北京大数据行动计划,建立城市大数据平台,推动大数据与实体经济深度融合。加快实施《北京市工业互联网发展三年行动计划(2018~2020年)》,建设一批工业互联网平台试点示范项目。三是推动现代服务业与制造业融合发展,促进生产型制造向服务型制造转变。可借鉴广州利用IAB带动制造业转型升级的经验,发挥中关村科技园区等高科技园区在移动互联网、云计算、大数据等领域的技术优势,推动制造业朝数字化、定制化和品牌化方向发展。

2. 以产业链共建带动更大范围高精尖产业发展

围绕新一代信息技术、新能源智能汽车、智能制造装备和机器人、生物医药等高精尖产业发展,延伸和拓展产业链,带动全市乃至京津冀地区高精尖产业发展。一是编制产业地图,构建产业全流程推进体系。可借鉴上海经验,编制产业地图,明确各产业园区定位与布局,系统梳理各产业园区重点行业的产业链条和重点企业供应商,在市域范围内做好产业链"补链"工作,推动跨区域产业链布局与辐射带动,推动供应链体系协作。另外,通过构建产业全流程推进体系,明确各级政府职能部门在产业全流程推进中的职能分工,推动全产业链布局和发展。二是深化与津冀两地的产业对接,实现跨区域全产业链布局。北京应积极引导京津冀三地的产业

第八章 北京构建现代化经济体系的对策建议

对接，构建布局合理、梯次发展的产业链条，创造共赢发展局面，共同打造世界级创新型产业集群。一方面，研究编制京津冀产业链共建规划，梳理京津冀重点产业的产业链，明确缺失和薄弱环节，为建链、补链、强链提供方向。在产业链共建规划方面，将产业链区域布局、产业园区共建、重点项目推进、龙头企业培育和合作交流平台搭建等作为规划的重要方面；选择若干资源禀赋突出、战略性强的主导产业实施全产业链布局；将完善产业链的配套政策体系作为规划的重点内容，完善非首都功能疏解迁出地与承接地的政策对接，如确保转移企业原有的企业资质、产品认证、业绩证明、缴税记录及其他认证体系等能够获得承接地的认可，能耗、环保等指标能够跟随转移企业纳入承接地环境容量，企业人才转移中的教育、医疗、社保、住房等政策能够实现相互衔接；等等。另一方面，强调重点产业链的强链、补链和延链。在"强链"方面，推动重点产业链在京津冀园区内布局，可依托天津滨海—中关村科技园、河北曹妃甸协同发展示范区、北京大兴国际机场临空经济合作区、河北张承生态功能区等重点园区推动产业链在区域内布局；强调完善的制造业体系对重点产业链的支撑作用，可沿京保石、京津塘发展轴，在北京大兴国际机场临空经济合作区内的河北部分扩大地域范围，京冀联手打造区域制造业集聚区。在"补链"方面，针对重点产业链中缺失或薄弱的环节，进行产业链招商引资，吸引国内外龙头企业落地，充分发挥行业龙头企业或关键企业的集聚效应；建立重点项目数据库，借鉴深圳经验，依托投资项目在线审批监管平台，建立吸引民间资本投资重点领域项目库，常态化发布推介项目清单，形成"推介一批、成功一批、落地一批"的滚动机制。在"延链"方面，强调重点产业链的科技含量，通过科技创新实现重点产业链两端向高附加值环节延伸。此外，支持市级层面与津冀合作设立产业协同发展引导基金，建立京津冀三地产业引导资金和基金联动机制；支持中小企业、新兴产业发展和创新创业投融资体系建设，通过并购、信托、债券等进行融资，拓宽民营企业和中小微企业融资渠道；鼓励各类银行在重点产业园区开展信用贷款、股权质押贷款、小额贷款保证保险等融资产品创新，为京津冀全产业布局提供资金支持。三是构建"评价—监测—保障"发展体系。可借鉴广州经验,构建制造业领域重点产业链的高质量发展综合评价指标体系,并定期发布该指数,为政府决策、政策制定、运行监测、行业监管和企业服务等提供基础信息支撑。

3. 支持龙头企业在北京及周边布局产业链、供应链

一是支持龙头企业和高成长性企业发展。北京应重点支持在京津冀范围内能构成相对完整产业链的关键企业以及产业链中各细分领域内具有科技创新能力和竞争优势的高成长性企业。一方面,优先为龙头企业和高成长性企业提供不超过中国人民银行贷款基准利率的直接借款、委托贷款或股权投资等支持,在土地盘活、工业用地及基础设施配套等方面给予重点支持。另一方面,可借鉴深圳前海深港现代服务业合作区经验,成立改革创新技术联盟,通过建立企业与政府间、企业与企业间的沟通合作机制,帮助龙头企业及高成长性企业做大做强,并将联盟打造成独有的品牌模式。二是支持龙头企业投资新建产业项目。鼓励龙头企业在周边区域投资新建产业项目,由龙头企业领导人、政府、园区管委会等相关部门共同协商,确定龙头项目的选址布局,充分发挥这些龙头项目的辐射带动作用,吸引产业链上下游企业和相关配套项目集聚。三是支持龙头企业建立产业链协作配套平台。支持具备条件的供应链核心企业建立重点领域协作配套平台,围绕龙头企业在研发设计、生产制造、售后服务等各环节对配套产品和材料的需求,引导周边园区企业生产单位拓展研究方向和生产领域,培养和扶持一批产业链各层关键领域的重点企业,以满足全产业链布局的产业发展需求。政府及各园区管委会可依托协作配套平台进一步了解供应链上的产业项目信息,针对产业链缺失环节进行精准招商,进一步补齐产业链条。中小微企业作为全产业链布局的重要组成部分,发挥着黏合剂的作用。北京应加大新兴中小微企业的扶持力度。针对前文的分析,北京存在中小微企业金融服务效果不佳等问题,可在全市推广北京经济技术开发区的成功经验,成立微小金融事业部,积极开发金融服务品种,解决中小微企业融资难问题,也可借鉴深圳经验,设立多样化的企业创新发展培育扶持资金和中小微企业银行贷款风险补偿资金池,并通过多部门联合,实现对重点中小微企业的持续资助,助力中小微企业做大做强。

4. 完善高精尖产业发展的保障机制

一是探索构建利益共享机制。通过制定相关政策,对于由区域主导推动的科技成果转化项目,探索从税收留成部分中拿出一定比例进行分享;探索政府控股类投资公司收入回流等利益分享机制;强化市场化投资,设立跨区域股份有限公司的股份合作模式,所得经营收益可按双方股本比例进行股权分红。二是充分发挥资金链的引导作用,带动补齐高精尖产业链。一方面,推动市、区两级产业投资基金联动发展,以产业园区为主体,整合园区内现有产业投资基金,积极对接市级科创基金,共同设立高精尖产业协同发展基金,作为产业投资母基金,围绕主导产业成立若干子基金,对产业链创新力、竞争力都有重大影响的竞争优势企业进行投资,补齐相关高精尖产业链发展短板。另一方面,以股权投资形式投资布局前沿创新领域和优质企业,发挥专家顾问组、社会组织、产业联盟及第三方智库的作用,主动筛选具有重大影响力的前沿创新项目,以天使投资、风险投资、股权投资等方式,投资支持创新项目快速发展,引导后期产业化环节在产业园区内落地转化。三是建立京津冀供应链金融公共服务平台。鼓励供应链核心龙头企业、商业银行等联合建立供应链金融公共服务平台,积极对接京津冀地区企业征信系统,制定京津冀供应链金融的相关法律法规、行业规则、标准和监管机制,围绕核心企业的贸易及物流场景,为供应链上的小微企业提供融资支持。鼓励供应链核心企业设立供应链金融类投资基金,加大对处于供应链核心环节的中小企业的投资,对投资达到一定额度的供应链核心企业等参与主体给予税收优惠和财政支持。四是重点深化校企合作、产教融合新模式,实现高精尖产业人才精准培养。根据前文的分析,北京在现代产业体系构建方面存在关键领域的高端人才缺乏等问题,可通过加强各产业园区企业与在京高校、职业院校合作,将产业园区内符合条件的企业认定为全市产教融合示范型企业,以订单模式委托在京高校、职业院校、中关村战略性新兴产业职教集团进行培养。借鉴学习德国"双元制"职业教育经验,在全市率先建设4~5个"双元制"教育基地,重点围绕产业园区内的主导产业及未来产业开展职业教育培训,采取与德国应用技术大学合作办学的方式,引进"双元制"职业教育大学落户开发区,依托开发区内高端制造企业、高技术企业,积极协调中央驻京理工科院校来开发区建立实训基地,带动高精尖产业技能人才集聚发展。五是重点探索创新土地开发利用模式和土地管理制度创新,保障高精尖产业项目用地需求。对于产业土地利用过程中存在的总量失衡和结构失调问题,应严格控制增量,通过疏解整治,盘活低效存量用地。建立建设用地精细化利用机制,实行土地全生命周期管理,推广产业用地"弹性出让、先租后让""长期租赁"等办法,建立"标准地"制度,定期开展各产业园区、国有企业、农村集体建设用地评估,推动存量用地集约高效利用。此外,可采取"飞地"发展模式,在周边地区建设北京产业发展的"飞地"园区。六是打造高精尖产业发展政策高地。系统梳理与深圳、上海、杭州、苏州、南京、重庆等在产业政策上的差距,如企业落地服务政策、企业高管及高端人才个税返还政策、互联网金融支付牌照发放政策等,力争打造成为高精尖产业政策高地。

(二)坚持合作共赢,提高开放发展水平

当前,在全球贸易保护主义、单边主义抬头和新冠肺炎疫情冲击全球经济的大背景下,保持开放、扩大开放是应对困难形势的重要方面,要在变局中开创新格局,以高水平开放反制逆全球化,加快形成有利于我国的国际经济大循环。"国际交往中心"这一城市功能定位要求北京提供更多更好的高层次国际交往服务,不断优化环境,吸引国际机构入驻,高水平保障国际会议和展览等重大活动的开展。同时,通过加大国际交流力度,促进经济高层次国际合作,进一步加强和扩大在技术、资金、人才、管理、信息等生产要素方面的国际合作,为北京构建现代化经济体系创造新亮点。

1. 扩大外资利用领域和规模

一是全面落实外商投资准入前国民待遇和负面清单管理制度,大幅压

第八章　北京构建现代化经济体系的对策建议

缩外资负面清单，鼓励外商投资高精尖产业，可借鉴上海与深圳经验，构建外商投资促进体系，搭建外商投资促进平台，设立外商项目库。二是加快首都金融业开放步伐，鼓励在京设立外商独资或合资金融机构。三是积极融入"一带一路"建设，实施好"一带一路"建设三年行动计划，建立与亚投行、丝路基金等平台的对接机制，建设"一带一路"综合金融服务平台，促进在对外投资中形成面向全球的贸易投融资生产服务网络，在"一带一路"沿线的重点国家、重要节点城市加强双向投资促进平台建设，加快培育国际经济合作和竞争新优势。

2. 推动国际优质资源集聚共享

可借鉴深圳前海深港现代服务业合作区经验，加强培育创新研究院等具有国际水平的研究院与智库机构，保持与世界各地同类别研究机构的交流合作，共享知识、技术、信息及人才等国际优质资源，助力北京在科技前沿领域实现突破。在外籍人才引进方面，北京应建设外籍人才服务体系，构建可"落地即办"的外籍人才服务工作网络，如打造可"全程代办"的国际人才服务手机端"易北京"信息平台；推进属地化服务管理，向外籍人才集聚的区下放外国人来华工作许可审批权。

3. 纵深推进服务业扩大开放

一方面，深入推进航空运输、建筑、文化艺术、银行、人力资源服务、广播电视电影音像、企业管理服务、法律服务、医学研究与试验发展等领域开放。争取试点允许在京外资旅行社开展中国公民出境旅游业务，鼓励外资在京设立养老服务、医养服务、护理服务机构。支持在特定区域设立外商独资演出经纪机构，并争取在全国范围内提供服务。另一方面，出台支持新兴服务出口、重点服务进口等系列服务贸易政策；建立境外经贸纠纷和突发事件应急处置工作组与工作机制，提升企业抗风险能力。丰富京交会功能，搭建京交会网上交易平台。开展投资合作企业服务年行动，服务和培育企业"走出去"。

4. 营造更加便利化的贸易环境

重点在关键零部件、医疗器械等领域实施通关便利创新政策。在汽车关键零部件、集成电路芯片、传感器、元器件、关键医疗设备等重点领域，探索新型通关监管模式，实施进出口货物"提前申报""先放后检""先放后税""预裁定"等改革创新，通过优化流程、简化单证、提高效率等举措，进一步提升开发区进出口货物通关便利化。积极争取建立前沿药品、医疗器械快速审查通道以及研发用材料、医疗关键设备进口绿色通道。

参考文献

［1］ 蔡昉：《人口转变、人口红利与刘易斯转折点》，《经济研究》2010年第4期。

［2］ 《蔡奇：围绕首都城市战略定位建设现代化经济体系》，搜狐网，2018年3月24日，https://www.sohu.com/a/226265957_114731。

［3］〔英〕大卫·李嘉图：《政治经济学及赋税原理》，丰俊功译，光明日报出版社，2009。

［4］〔美〕道格拉斯·诺思：《经济史上的结构和变革》，厉以平译，商务印书馆，2011。

［5］〔美〕道格拉斯·诺思、罗伯斯·托马斯：《西方世界的兴起》，厉以平、蔡磊译，华夏出版社，2014。

［6］ 邓丽姝：《科技创新中心引领北京现代化经济体系建设的战略路径》，《城市发展研究》2019年第2期。

［7］ 杜创、蔡洪滨：《差异产品市场上的声誉锦标赛》，《经济研究》2010年第7期。

［8］ 冯柏、温彬、李洪侠：《现代化经济体系的内涵、依据及路径》，《改革》2018年第6期。

［9］ 高歌：《构建现代化经济体系的创新机制》，《科学管理研究》2019年第1期。

［10］ 高培勇、杜创、刘霞辉、袁富华、汤铎铎：《高质量发展背景下的现代化经济体系建设：一个逻辑框架》，《经济研究》2019年第4期。

［11］ 龚轶、王峥、高菲：《协同创新、区域差异与现代化经济体系布局——以京津冀为例》，《城市发展研究》2019年第8期。

[12] 郭威、杨弘业、李明浩:《加快建设现代化经济体系的逻辑内涵、国际比较与路径选择》,《经济学家》2019年第4期。

[13] 《国家统计局社科文司首席统计师解读文化产业统计数据》,人民网,2013年8月26日,http://finance.people.com.cn/n/2013/0826/c1004-22697833.html。

[14] 洪银兴:《建设现代化经济体系的内涵和功能研究》,《求是学刊》2019年第2期。

[15] 洪银兴:《新时代的现代化和现代化经济体系》,《南京社会科学》2018年第2期。

[16] 黄群慧:《建设现代化经济体系的路径和方向》,《现代国企研究》2018年第7期。

[17] 〔美〕霍利斯·钱纳里、谢尔曼·鲁宾逊、摩西·赛尔奎因:《工业化和经济增长的比较研究》,吴奇、王松宝等译,格致出版社、上海三联书店、上海人民出版社,2018。

[18] 〔英〕科林·克拉克:《经济进步的条件》,张旭昆等译,中国人民大学出版社,2020。

[19] 李欢:《新旧动能转换视角下现代化经济体系建设研究——基于湖北省的经济现状观察》,《现代商贸工业》2019年第31期。

[20] 刘陶:《湖北现代化经济体系建设水平测度与提升路径研究》,《长江大学学报》(社会科学版)2019年第3期。

[21] 刘伟:《建设现代化经济体系为什么要以供给侧结构性改革为主线》,《政治经济学评论》2018年第1期。

[22] 刘伟:《现代化经济体系是发展、改革、开放的有机统一》,《经济研究》2017年第11期。

[23] 刘志彪:《高质量建设现代化经济体系的着力点与关键环节》,《企业活力》2018a年第4期。

[24] 刘志彪:《建设现代化经济体系:基本框架、关键问题与理论创新》,《南京大学学报》(哲学·人文科学·社会科学)2018b年第3期。

参考文献

[25] 刘志彪：《现代化经济体系建设中的重要瓶颈和政策重点》，《经济研究参考》2019年第12期。

[26] 刘志成：《现代化经济体系的内涵和实现途径》，《中国经贸导刊》（理论版）2018年第2期。

[27] 〔美〕罗纳德·哈利·科斯：《社会成本问题》，载〔美〕科斯、阿尔钦、诺斯等《财产权利与制度变迁——产权学派与新制度学派译文集》，上海人民出版社，1994。

[28] 罗荣渠：《现代化理论与历史研究》，《历史研究》1986年第3期。

[29] 罗志如、厉以宁：《20世纪的英国经济——"英国病"研究》，商务印书馆，2013。

[30] 马艳、李俊、张思扬：《我国现代化经济体系的逻辑框架与建设路径研究》，《教学与研究》2019年第5期。

[31] 〔法〕让·巴蒂斯特·萨伊：《政治经济学概论》，陈福生、陈振骅译，商务印书馆，1963。

[32] 申晓蓉：《新时代建设现代化经济体系的生成背景》，《开封教育学院学报》2019年第12期。

[33] 沈开艳、李双金、张晓娣、詹宇波、张申：《基于国际比较的现代化经济体系特征研究》，《上海经济研究》2018年第10期。

[34] 石建勋、张凯文、李兆玉：《现代化经济体系的科学内涵及建设着力点》，《财经问题研究》2018年第2期。

[35] 苏屹、王洪彬、林周周：《东三省现代化经济体系创新要素结构优化策略研究》，《科技进步与对策》2019年第1期。

[36] 苏屹、王洪彬、林周周：《东三省现代化经济体系构成与优化策略研究》，《中国科技论坛》2019年第3期。

[37] 王朝科、谢富胜：《建设现代化经济体系——基于政治经济学视角的研究》，《内蒙古社会科学》（汉文版）2019年第5期。

[38] 〔美〕威廉·诺德豪斯：《气候赌场：全球变暖的风险、不确定性与经济学》，梁小民译，东方出版社，2019。

175

[39]〔英〕威廉·配第：《国富论》，陈冬野译，商务印书馆，2014。

[40] 习近平：《深刻认识建设现代化经济体系重要性 推动我国经济发展焕发新活力迈上新台阶》，《人民日报》2018年2月1日，第1版。

[41]〔英〕亚当·斯密：《国富论》，郭大力、王亚楠译，商务印书馆，2014。

[42] 杨东方：《对现代化经济体系科学内涵的认识》，《求知》2018年第6期。

[43] 杨秋宝：《新时代现代化经济体系的特质与测度》，《金融博览》2018年第5期。

[44] 杨松：《北京建设现代化经济体系路径研究》，《前线》2018年第7期。

[45] 姚洋：《解决好现代化经济体系建设的关键问题》，《理论导报》2018年第7期。

[46] 余新培：《现代化经济体系建设中应处理好的几对关系》，《企业经济》2019年第9期。

[47] 袁富华：《长期增长过程的"结构性加速"与"结构性减速"：一种解释》，《经济研究》2012年第3期。

[48] 袁富华、张平、刘霞辉、楠玉：《增长跨越：经济结构服务化、知识过程和效率模式重塑》，《经济研究》2016年第10期。

[49] 袁邈桐：《2015成为支柱的文化产业》，《商业文化》2015年第5期。

[50]〔英〕约翰·梅纳德·凯恩斯：《就业、利息和货币通论》，徐毓枬译，译林出版社，2015。

[51]〔美〕约瑟夫·熊彼特：《经济发展理论》，何畏等译，商务印书馆，2000。

[52] 张涵、丛松日：《浅析现代化经济体系内涵与建设路径》，《华北理工大学学报》（社会科学版）2018年第6期。

[53] 张辉：《建设现代化经济体系的理论与路径初步研究》，《北京大学学报》（哲学社会科学版）2018年第1期。

[54] 张燕生、梁婧姝:《现代化经济体系的指标体系研究》,《宏观经济管理》2019 年第 4 期。

[55] 张占斌、孙飞:《建设现代化经济体系 引领经济发展新时代》,《中国党政干部论坛》2017 年第 12 期。

[56] 中国经济增长前沿课题组:《突破经济增长减速的新要素供给理论、体制与政策选择》,《经济研究》2015 年第 11 期。

[57] 中国经济增长前沿课题组:《中国经济长期增长路径、效率与潜在增长水平》,《经济研究》2012 年第 11 期。

[58] 中国经济增长前沿课题组:《中国经济增长的低效率冲击与减速治理》,《经济研究》2014 年第 12 期。

[59] 钟荣丙:《城市群区域现代化经济体系的构成和评价研究》,《中共石家庄市委党校学报》2019 年第 11 期。

[60] 周权雄:《粤港澳大湾区视域下广州建设现代化经济体系评价研究》,《改革与战略》2019 年第 8 期。

[61] Allen, F., "Reputation and Product Quality", *RAND Journal of Economics*, 1984, 15 (3).

[62] Bell, M., Albu, M., "Knowledge Systems and Technologic Dynamism in Industrial Clusters in Developing Countries World", *Development*, 1999, 27 (9).

[63] Buera, F., Kaboski, J., "The Rise of the Service Economy", *The American Economic Review*, 2012, 102 (6).

[64] Domer, E. D., "Capital Expansion, Rate of Growth, and Employment", *Econometrica*, 1946, 14.

[65] Dulleck, U., Kerschbamer, R., "On Doctors, Mechanics, and Computer Specialists: The Economics of Credence Goods", *Journal of Economic Literature*, 2006, XLIV.

[66] Eisenstadt, S. N., "Modernity and Modernization", Sociopedia. Isa, 2010.

[67] Gereffi, "International Ttrade & Industrial Upgrading in the Apparel Com-

modity Chain", *Journal of International Economics*, 1999, 55.

[68] Harrod, R. F., "An Essay in Dynamic Theory", *The Economic Journal*, 1939, 49 (193).

[69] Herrendorf, B., Rogerson, R., Valentinyi, A., "Growth and Structural Transformation", In Aghion, P., Durlauf, S. N. (eds.), *Handbook of Economic Growth*, 2, North Holland, 2014.

[70] Kaplinsky, R., Morris, M. A., "Handbook for Value Chain Research", Prepared for the IDRC, 2001.

[71] Klein, B., Leffler, K., "The Role of Market Forces in Assuring Contractual Performance", *Journal of Political Economy*, 1981, 89.

[72] Lucas, R. E., "On the Mechanics of Economic Development", *Journal of Monetary Economics*, 1988, 22.

[73] Romer, P., "Increasing Returns and Long-run Growth", *Journal of Political Economy*, 1986, 94.

[74] Shapiro, C., "Premiums for High Quality Product as Returns to Reputation", *Quarterly Journal of Economics*, 1983, 98 (4).

[75] Solow, R. M., *Growth Theory: An Exposition*, Oxford: Clarendon, 1970.

[76] Song, Z., Storesletten, K., Zilibotti, F., "Growing Like China", *The American Economic Review*, 2011, 101 (1).

[77] Ventura, J., "Growth and Interdependence", *Quarterly Journal of Economics*, 1997, 112 (1).

附录
指标解释

（1）实体经济增加值：指地区生产总值中由实体经济创造的增加值。实体经济指第一产业、第二产业、第三产业中除去房产市场和金融市场之外的产业。

（2）实体经济从业人员期末人数：指实体经济的从业人员期末人数。

（3）研究与试验发展经费投入强度：指研究与试验发展经费占地区生产总值的比重。

（4）新产品销售收入：指规模以上工业企业在报告期内销售新产品实现的收入。

（5）地区社会融资规模：指实体经济从金融体系获得的资金总额，是增量指标。

（6）高新技术产业贷款余额：指全市中资银行高新技术产业人民币贷款余额。

（7）就业人员中专科及以上学历占比：指就业人员中大学专科、大学本科、研究生学历人员所占比重。

（8）研究与试验发展人员全时当量：是国际上通用的、用于比较科技人力投入的指标，指研究与试验发展全时人员（全年从事研究与试验发展活动累计工作时间占全部工作时间的比重在90%及以上人员）工作量与非全时人员按实际工作时间折算的工作量之和。研究与试验发展人员指参与研究与试验发展项目研究、管理和辅助工作的人员，包括项目（课题）组人员、企业科技行政管理人员和直接为项目（课题）活动提供服务的辅助人员，反映投入从事拥有自主知识产权的研究开发活动的人力规模。

（9）现代服务业增加值占第三产业增加值比重：计算公式为现代服务业增加值/第三产业增加值。现代服务业是相对于传统服务业而言的，是适应现代人和现代城市发展需求而产生和发展起来的具有高技术含量和高文化含量的服务业。现代服务业具有新服务领域、新服务模式、高文化品位和高技术含量的特征。现代服务业标准由北京市统计局在《国民经济行业分类》（GB/T4754—2011）的基础上，根据现代服务业的特性，将符合基本要求的行业归并，结合北京市的实际情况制定的。北京市自2005年开始执行现代服务业统计标准。

（10）战略性新兴产业总产值占工业总产值比重：计算公式为规模以上工业战略性新兴产业总产值/规模以上工业总产值。战略性新兴产业是以重大技术突破和重大发展需求为基础，对经济社会全局和长远发展具有重大引领带动作用的知识技术密集、物质资源消耗少、成长潜力大、综合效益好的产业，包括新一代信息技术产业、高端装备制造产业、新材料产业、生物产业、新能源汽车产业、新能源产业、节能环保产业、数字创意产业、相关服务业九大领域。

（11）城镇单位在岗职工平均工资增速：指城镇单位在岗职工平均工资与上年相比的增长速度。在岗职工平均工资指企业、事业、机关等单位的在岗职工在一定时期内的人均劳动报酬，用以衡量一定时期在岗职工工资收入的高低程度，是反映在岗职工工资水平的主要指标。

（12）参加失业保险人数：指报告期末按照国家法律、法规和有关政策规定参加了失业保险的城镇企业事业单位的职工及地方政府规定参加失业保险的其他人员的人数。参加失业保险人数为参加失业保险的职工人数。

（13）城市居民最低生活保障平均标准：指城市居民最低生活保障的平均标准。

（14）残疾人托养服务机构数量：指建立的残疾人托养服务机构的数量。

（15）全市居民人均可支配收入：指全市居民人均获得的可用于最终消费支出和储蓄的总和，即可以用来自由支配的收入。可支配收入既包括现金，也包括实物收入。按照收入的来源，可支配收入包含四项，分别为工资性收入、经营净收入、财产净收入和转移净收入。

（16）全市居民家庭恩格尔系数：随着家庭和个人收入的增加，收入中用于食品方面的支出比例将逐渐减小，这一定律被称为恩格尔定律，反映这一定律的系数被称为恩格尔系数，计算公式为食品支出总额/家庭或个人消费支出总额×100%。

（17）一般公共服务预算支出：指政府提供基本公共管理与服务的支出，包括人大事务、政协事务、政府办公厅（室）及相关机构事务、发展与改革事务、统计信息事务、财政事务、税收事务、审计事务、海关事务、人力资源事务、纪检监察事务、人口与计划生育事务、商贸事务、知识产权事务、工商行政管理事务、国土资源事务、海洋管理事务、测绘事务、地震事务、气象事务、民族事务、宗教事务、港澳台侨事务、档案事务、共产党事务、民主党派事务及工商联事务、群众团体事务、彩票事务等。

（18）民生支出占财政支出比重：计算公式为民生支出/一般公共预算支出。民生支出主要包括教育、文体传媒、社保和就业、医疗卫生、城乡社区、农林水、交通运输等科目。

（19）京津冀区域发展指数：为监测京津冀区域发展变化，服务国家战略，国家统计局、北京市统计局和中国社会科学院京津冀协同发展智库联合开展了京津冀区域发展指数课题研究，构建了基于"创新、协调、绿色、开放、共享"新发展理念的区域发展指数评价指标体系，每年测算区域发展指数，对区域发展情况进行监测评价，自2018年起向社会发布。

（20）北京对津冀投资占新增资本总额比重：指北京新增对外投资中对津冀投资的比重，计算公式为北京对津冀新增投资额/新增对外资本总额。

（21）城镇与农村居民人均可支配收入之比：指北京城市和乡村居民人均可支配收入之比。

（22）城镇与农村居民人均消费支出之比：指北京城市和乡村居民人均消费支出之比。

（23）生态环境质量指数：指《北京市生态环境状况公报》中按照《生

态环境状况评价技术规范》进行评价的全市生态环境状况指数（EI）。

（24）PM2.5 年均浓度值：指细颗粒物（PM2.5）的年均浓度。

（25）万元地区生产总值能耗：指能源总消费量或分品种能源消费量与地区生产总值之比。

（26）万元地区生产总值水耗：指水资源总消费量与地区生产总值之比。

（27）城市绿化覆盖率：指北京市绿化覆盖面积占区域面积的比例。

（28）小汽车及出租车日均出行量：指小汽车和出租车的日均出行量。

（29）服务贸易进出口总额：指服务贸易的进出口总额，服务贸易包括跨境提供、境外消费、商业存在和自然人移动等内容。货物进出口总额指实际进出我国海关并能引起我国境内物质资源增加或减少的进出口货物总金额，包括我国境内法人和其他组织以一般贸易、易货贸易、加工贸易、补偿贸易、寄售代销贸易等方式进出口的货物，以及租赁期为一年及以上的租赁进出口货物、边境小额贸易货物、国际援助物资或捐赠品、保税区和保税仓库进出口货物等的金额合计。

（30）出口交货值：指规模以上工业出口交货值，是工业企业自营（委托）出口（包括销往香港、澳门、台湾地区）或交给外贸部门出口的产品价值，以及外商来样、来料加工、来件装配和补偿贸易等生产的产品价值。

（31）中方境外投资额：指中华人民共和国境内企业（投资主体）直接或通过其控制的境外企业，为项目投入的货币、证券、实物、技术、知识产权、股权、债权等资产、权益以及提供融资、担保的总额。

（32）实际利用外商直接投资额：指批准的合同外资金额的实际执行数，外国投资者根据批准外商投资企业的合同（章程）规定实际缴付的出资额和企业投资总额内外国投资者以自己的境外自有资金实际直接向企业提供的贷款。

（33）国外技术引进合同金额：指北京的公司、企业、团体或个人（受方）为引进技术同中华人民共和国境外的公司、企业、团体或个人（供方）订立的明确相互权利义务关系的协议金额。

（34）技术合同技术出口成交额：指技术合同中技术出口的成交额。

（35）高技术制造业总产值占工业总产值比重：计算公式为规模以上高技术制造业总产值/规模以上工业总产值。按照《高技术产业（制造业）分类（2017）》，高技术产业（制造业）是指国民经济行业中研究与试验发展投入强度相对高的制造业行业，包括医药制造，航空、航天器及设备制造，电子及通信设备制造，计算机及办公设备制造，医疗仪器设备及仪器仪表制造，信息化学品制造六大类。

（36）全年电子商务销售金额占商品销售额比重：指限额以上批发和零售业法人单位全年电子商务销售金额占商品销售额的比重。全年电子商务销售金额指报告期内规模以上执行企业会计制度的法人单位借助网络订单销售的商品和服务总额（包含增值税）。借助网络订单指通过网络接受订单，付款和配送可以不借助网络。

（37）全行业新设企业数量：指北京全行业的新设企业数量。

（38）有经营活动的中小微企业营业收入：指有经营活动的中小微企业的营业收入。统计口径为包括金融业在内的当年营业收入不为0，且单位规模划归为中型、小型和微型的法人单位。

（39）社会劳动生产率：计算公式为增加值/从业人员平均人数。具体表现为物质生产部门或整个国民经济中每个劳动者平均创造的产值（或国民生产总值）或国民收入的份额，表明社会总产品（产出量）与总劳动消耗量（投入量）的对比关系。

（40）六大高端产业功能区法人单位资本利润率：计算公式为利润总额/资产总计×100%，反映企业资本的利用效果、赢利能力和经济运行绩效。

（41）公共管理、社会保障和社会组织法人单位数：公共管理、社会保障和社会组织是国民经济行业分类中的一类行业，包括中国共产党机关，国家机构，人民政协、民主党派，社会保障，群众团体、社会团体和其他成员组织，基层群众自治组织。法人单位数是指有权拥有资产、承担负债，并独立从事社会经济活动（或与其他单位进行交易）的组织数量。

（42）党政机关从业人员期末人数占比：指中国共产党机关、国家机构以及人民政协、民主党派的从业人员期末人数占公共管理、社会保障和社会组织法人单位从业人员期末人数的比重。从业人员期末人数指报告期末最后一日在本单位工作，并取得工资或其他形式的劳动报酬的人员数量。该指标为时点指标，不包括最后一日当天及以前已经与单位解除劳动合同关系的人员，是在岗职工、劳务派遣人员及其他从业人员数量之和。

（43）文化及相关产业资产总计占全国比重：计算公式为北京文化及相关产业的资产总计/全国文化及相关产业的资产总计。按照《文化及相关产业分类（2018）》，文化及相关产业是指为社会公众提供文化产品和文化相关产品的生产活动的集合，其范围包括：一是以文化为核心内容，为直接满足人们的精神需要而进行的创作、制造、传播、展示等文化产品（包括货物和服务）的生产活动，具体包括新闻信息服务、内容创作生产、创意设计服务、文化传播渠道、文化投资运营和文化娱乐休闲服务等活动；二是为实现文化产品的生产活动所需的文化辅助生产和中介服务、文化装备生产和文化消费终端生产（包括制造和销售）等活动。资产总计指企业法人单位资产总计和非企业法人单位资产总计。企业法人单位资产总计指企业过去的交易或者事项形成的、由企业拥有或者控制的、预期会给企业带来经济利益的资源，包括企业拥有的土地、办公楼、厂房、机器、运输工具、存货等实物资产以及现金、存款、应收账款、预付账款等金融资产。汇总范围为执行企业会计制度的法人单位。资产一般按流动性（资产的变现或耗用时间长短）分为流动资产和非流动资产。其中，流动资产可分为货币资金、交易性金融资产、应收票据、应收账款、预付款项、其他应收款、存货等；非流动资产可分为长期股权投资、固定资产、无形资产及其他非流动资产等。非企业法人单位资产总计指单位占有或者使用的、能以货币计量的经济资源。汇总范围为执行行政事业会计制度和民间非营利组织会计制度的法人单位。占有是指单位对经济资源拥有法律上的占有权。由单位直接支配，供社会公众使用的政府储备物资、公共基础设施等，也属于单位核算的资产。单位的资产包括流动资产、固定资产、在建工程、无形资产等。

（44）文化及相关产业从业人员占全国比重：计算公式为北京文化及相关产业从业人员数量/全国文化及相关产业从业人员数量。从业人员数量指在本单位工作，并取得工资或其他形式劳动报酬的人员数量。

（45）旅游外汇收入：指入境游客在中国（大陆）境内旅行、游览过程中用于交通、参观游览、住宿、餐饮、购物、娱乐等的全部花费。

（46）ICCA 国际会议数量国内排名：指北京 ICCA 国际会议数量在我国国内城市的排名。

（47）技术市场成交额：指登记合同成交总额中技术部分的成交金额，用以反映一国技术市场的发展情况。

（48）中关村国家自主创新示范区营业收入占国家级高新区企业营业收入比重：计算公式为中关村国家自主创新示范区营业收入/国家级高新区企业营业收入合计。

中国人民政治协商会议北京市委员会

采 纳 证 明

  首都经济贸易大学特大城市经济社会发展研究院叶堂林教授团队在 2019 年参与了市政协"积极推进全产业链布局，加快推动京津冀协同发展"专题调研，提出"制定京津冀产业协同发展专项规划"、"注重区域产业链强链、补链和延链，完善重点产业链条"、"深化区域协同创新，促进产业链与创新链相互融合"等观点，相关建议站位高、具有较强的前瞻性和可操作性，被《中共北京市政协党组关于组织召开京津冀政协主席联席会议第五次会议有关情况的报告》采纳，为北京市委、市政府提供了决策参考。

  特此证明。

政协北京市委员会办公厅
2020 年 2 月 18 日

北京市社会科学界联合会
北京市哲学社会科学规划办公室

关于首都经济贸易大学特大城市经济社会发展研究院研究成果获得市领导批示的通报

首都经济贸易大学：

  首都高端智库理事会秘书处《北京"十四五"发展规划研究》专报刊登了贵校特大城市经济社会发展研究院叶堂林教授的研究成果《"十四五"时期推动北京及京津冀产业发展的建议》，于2020年8月25日获得市委主要领导肯定性批示，为首都经济社会发展贡献了智慧。

  特此通报！非常感谢贵校对首都高端智库建设工作的大力支持。

市社科联、市社科规划办

2020年11月24日

中国人民政治协商会议北京市委员会

采 纳 证 明

市社科联：

　　首都经济贸易大学特大城市经济社会发展研究院叶堂林教授团队在 2020 年参与了市政协"'十四五'时期深入推进京津冀协同发展，加快构建首都现代化经济体系"专题调研，承担了"'十四五'时期推进京津冀协同发展"和"'十四五'时期推动高精尖产业发展"2个小组调研报告的起草任务，提出的相关建议站位高、具有较强的前瞻性和可操作性，为《对"北京市国民经济和社会发展'十四五'规划纲要编制"若干问题的综合建议》起草提供了重要支撑，部分建议已被中共北京市委全会审议通过的《关于制定北京市国民经济和社会发展第十四个五年规划和二〇三五年远景目标的建议》吸纳。

　　特此证明。

政协北京市委员会办公厅
2020 年 12 月 14 日

图书在版编目(CIP)数据

首都现代化经济体系构建研究:基于北京城市战略定位/叶堂林等著. -- 北京:社会科学文献出版社,2021.8

ISBN 978 - 7 - 5201 - 8884 - 5

Ⅰ.①首… Ⅱ.①叶… Ⅲ.①区域经济发展 - 经济现代化 - 研究 - 北京 Ⅳ.①F127.1

中国版本图书馆 CIP 数据核字(2021)第 166993 号

首都现代化经济体系构建研究
——基于北京城市战略定位

著　　者/叶堂林　王雪莹　刘　芸　李　璐　等

出 版 人/王利民
组稿编辑/恽　薇
责任编辑/冯咏梅
责任印制/王京美

出　　版/社会科学文献出版社·经济与管理分社(010)59367226
　　　　　地址:北京市北三环中路甲29号院华龙大厦　邮编:100029
　　　　　网址:www.ssap.com.cn
发　　行/市场营销中心(010)59367081　59367083
印　　装/唐山玺诚印务有限公司
规　　格/开　本:787mm×1092mm　1/16
　　　　　印　张:12.25　字　数:181千字
版　　次/2021年8月第1版　2021年8月第1次印刷
书　　号/ISBN 978 - 7 - 5201 - 8884 - 5
定　　价/98.00元

本书如有印装质量问题,请与读者服务中心(010 - 59367028)联系

版权所有 翻印必究